大邑文化
POLIS PRESS

大邑文化
POLIS PRESS

新 視 界

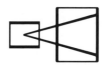

新視界

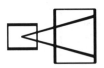

咖啡中的哲學沉思——孤獨、他者與自然

THE PHILOSOPHY OF COFFEE:

Solitude, The Other, and Nature

謝青龍　撰

推薦序

從孤獨產生善心、善念、善行

平常就不是一個愛喝咖啡的人，也覺得咖啡大概就是一種提神飲料而已。但是讀完本書後，才知道原來咖啡裡還有如此多的哲學思考，也才知道青龍學務長平常為什麼那麼愛喝咖啡的原因。

在這本書裡，青龍以他 20 多年來在喝咖啡的過程中，沉思所得的 3 個面向——孤獨、他者與自然——作為主軸，開展出全書的 3 個哲學思考內涵，令人耳目為之一新。

本人在國內外推廣蔬食多年，雖有幸榮獲聯合國氣候變遷框架公約會員國頒發「全球永續發展英雄獎」，但我深知環境保育議題仍是一項亟待國人了解與實踐的重要課題。現今地球暖化已是人類生存的重大危機，畜牧業與重工業是首要原因，加上人類對肉品過度依賴的結果，造成愈來愈多人健康惡化。所以個人一直堅信蔬食不僅可以救地球，更可以健康強身。

在本書的「咖啡的自然哲思」中，青龍從咖啡的公平貿易談起，敘說咖啡農所遭受的不公平待遇，繼而深入到環境平衡與動物保護的生態議題，最後思索人類與自然的終極關係，闡揚了道家的自然哲學觀，足見他對此議題著力之深。希望透過本書的推廣，讓更多的人了解到自然生態的保護，已到了刻不容緩的關鍵，而親身實踐去力行，才是救地球的不二途徑。

另外，在第二篇「咖啡的他者哲思」，青龍說出了倫理學中最重要的意涵——他者，這與個人推動品德教育的理念完全不謀而合，因為尊重別人就是品德教育的關鍵。如同佛光山星雲大師所推廣的三好運動——做好事、說好話、存好心，當我們事事尊重他人，心存感念他人對己的恩惠，整個社會自然就會充滿正向能量。所以，對他者哲學的倫理學討論，正是當代社會公民的必要課題。

乍看之下，「咖啡的孤獨哲思」說的好像是一個人的孤獨世界，但青龍其實要說的是「孤獨之後，仍要走入人群」。所以孤獨是一種過程，一種深入認識自己的過程。這也是我在許多場合中常說的一句話：「你的善心、善念、善行，都會影響到你周邊的人。」讓自己成為一切善的起點。

在此青龍學務長出書之際，本人衷心地祈願：誠如書中所提出的生命三階段，人們可以從孤獨中淬鍊出對他人的尊重，然後再從對他者的倫理學中看到整個自然的和諧。願一切法喜充滿，人間祥和！

南華大學校長　林聰明

Solitude, The Other, and Nature

推薦序

咖啡香松濤聲哲學味

青龍兄寫反思日誌，從中萃取咖啡哲學，咖啡香哲學味四溢，近悅遠來。咖啡哲學首先談孤獨說自我；然後轉向自我與他者，指出忘我忘人、擦掉人我界線，方能看見自己與看見他人；最後說「泰然任之」的道理，描繪出人與自然之間的自自然然。

為詩作序，或為如詩一般的咖啡哲學作序，就好像介紹極美的美人給你認識，不容易。如果美人已在你眼前，再好的介紹也是多餘；若是美人不在你面前，再好的介紹，後來也會證明不夠好。

為詩一般的咖啡哲學作序，不能抽身離象，也不可毫無哲思。為此，尋出 FB 上我一篇反思切身經驗的隨筆，希望這名為〈起濤了〉的貼文能與咖啡哲學同脈共振。

〈起濤了〉

常聽到的濤聲有海濤聲與松濤聲。

小時候住臺東太麻里太平洋邊，每天海濤聲就是我的安眠曲，雖然有時候海濤狂怒，安眠曲不安眠。海濤聲讓人專注，就如佛咒的「嗡」。聽著海濤想東想西，年紀未滿十的我，就常懷千歲憂。Old soul with a baby face. 母親說我四歲多才會講話，大概因為想太多，太專注，樂於孤獨，忘了說話吧。

回到濤聲。小時候一直好奇，水怎麼會發出那麼持續而撼人的聲音？

海濤的問題由松濤回答了。

少有人聽過松濤，聽到也不知道那叫松濤。松林下，風一吹，就會起濤。

我聽過最美的松濤聲在兩個地方：一個在梨山武陵農場果四區，一個在新竹新豐松柏嶺。

大學時幾乎每個暑假都在梨山打工，最愜意的一次在武陵農場果四區，果四區在半山上，面向煙聲瀑布的方向，整個武陵谷地便在眼前展開，像極了圖畫裡阿爾卑斯山鄉村景象。我的任務是守護水蜜桃，以免孫悟空之流來偷。我的看護制高點在一片松樹下。透明的空氣寧靜極了，除了遠方烏鴉的叫聲，只剩偶而才來的心聲。

從武陵四秀起的風，帶起忽然的松濤聲。連心聲都靜默了。

新竹新豐松柏嶺是當兵時的駐地，當時缺兵，所以我常站哨，很長一段時間，站兩歇兩（武裝站哨兩個小時，休息兩個小時，整天如此，天天如此，你看多有趣）。顧名可得義，松柏嶺有很多松柏，站哨的我有的是時間，想想這個、想想那個，數數兩個小時可以墜落多少流星（也唸唸〈赤壁賦〉），然後，就是聽新竹風不斷奏鳴松林的濤聲。

松葉是松針，細細堅硬的千千萬萬松針，在風的帶動下，彼此碰撞，沙——沙——沙——沙——的清脆聲音，最終匯集成轟隆——轟隆的濤聲。不，是千千萬萬沙——沙——沙——沙——的清脆聲音，共時同生，然後，起濤了。

海濤聲是恆河沙數的沙，沙沙之間，水沙之間，相互碰撞而成的聲音。

無數因緣聚合碰撞分離的聲音就是無上大明咒：嗡嗡嗡嗡嗡……

於是，我相信：願受萬物羈絆，故生光芒。

政治大學哲學系專任教授　林從一

Solitude, The Other, and Nature

自序

我酷愛咖啡早已是朋友間知之甚稔的事實了，而且每每有朋友一提到咖啡，我就有滿肚子的咖啡經想與他們分享，從品嚐、沖泡、烘焙、到咖啡產地的生豆特性……，我總有聊不完的話題。對我而言，咖啡不僅是一種提神飲料而已，它更像是一種生活態度、一種生命體會、甚至是一種哲學思索。常常一個人對著一杯咖啡發呆，因為我總是在品嚐咖啡的時候，突然聯想到許多平時不會觸及的念頭，然後，我就被這些念頭帶領著，遨遊於宇宙自然的神思之中。

曾經有一次暑假及寒假，我騎著自己改裝而成的行動咖啡腳踏車，打著「哲學咖啡」的招牌，悠遊於臺南府城的大街小巷，叫賣著這杯專屬於我的心靈咖啡。透過這輛小小的行動咖啡腳踏車，我遇見了許多在地或外地來的同好；在咖啡的品嚐中，我接觸到了許許多多真誠的心靈，也聽到了許許多多感人的生命故事。於是，我把這些心靈的生命故事，撰寫成一本《府城街角的哲學香：大學教授的鐵馬咖啡攤日記》。

但是，就在我動筆撰寫《府城街角的哲學香》過程中，卻引發了我想更深入探索咖啡哲學深層意涵的構想。於是，在完成了該書之後，我一頭栽進這個無止盡的哲學思索之中，許多在《府城街角的哲學香》裡懵懵懂懂的想法，在這裡才開始有了更深入的闡述與探討。

如同我在《府城街角的哲學香》書中所說的：面對當代知識分子的專業化、以及高等教育商業化的同時，我選擇了自找邊緣化在城市裡流浪，選擇在咖啡的品味中看人情冷暖，選擇坐在都市的某個角落看千帆過盡……。在我的行動咖啡的生涯中，我經常在腳踏車旁，靜靜坐在露營椅上，一語不發地抬頭看向天際，思索著「這個世界到底怎麼了？」：為什麼很多母親痛哭失聲於她們孩子的逝去，只為有些駕駛人喝酒之後仍然開車上路？為什麼青少年們徹夜不歸，流連於網咖與夜店，不知他們的未來何去何從？為什麼在城市的許多陰暗角落裡，有些人為了生活而苟且度日？為什麼許多人一輩子辛勞工作，換來的卻是更加貧窮的生活？為什麼人們總是要將自身的痛苦複製加諸在另一個人的身上？……太多的為什麼，在我的腦海裡不斷地迴盪著，讓我無法停止思考。

我從《府城街角的哲學香》裡，導引出咖啡哲學的3個主要面向——自我、他者及自然，即為本書的3個主要篇章：第一篇「咖啡的孤獨哲思」，即面向自我的哲學沉思，從孤獨的美感中，開始學會面對真正的自己；第二篇「咖啡的他者哲思」，即面向他者的哲學沉思，說明人在追尋自我意義的同時，也必須看見他者的存在，從而得知，棄絕自己始能看見他者，而看見他者才能看到自己；第三篇「咖啡的自然哲思」，即面向自然的哲學沉思，從咖啡的公平貿易談到環境生態的保存，進而思考人與自然的關係，最後在咖啡之為「物」的哲思中，體悟到「泰然任之」的道理。

在這本書中，我嘗試從咖啡的美學觀、咖啡的孤獨感、咖啡的他者哲學，再涵蓋到咖啡的自然省思。我築造了一個以咖啡為平臺的哲學世界，為了與天地萬有的相遇作準備，而您，準備好進入這個世界了嗎？

于南華學慧樓

目次

第二章　獨與天地精神相往來　056

孤獨的美德，在於面對真正的自我、以及與天地相呼應的自由，正如席勒在《審美教育書簡》中所說：「人在遊戲中才能真正自由而完整，人也只有自由而完整時才會遊戲。」咖啡提供了這個遊戲，而讓人自由而完整。……

第一節　孤獨與美的表現　058

第二節　小我與大我的關係　063

第三節　孤獨的美德　066

第四節　孤獨是智慧之鑰　077

第五節　崇高與大美　083

第六節　孤獨之美的實際體會　088

第七節　面對生命困頓的勇氣　091

第二篇　咖啡的他者哲思

第三章　在咖啡中棄絕自身　100

在咖啡的品嚐中開放所有感官知覺，得以開放自我的心靈，如此才能品味咖啡真正的味道：亦即主體性的消解，解放禁錮的心靈，才能看到事物的真相，才能聽到平時聽不到的聲音。……

第一節　認識孤獨的生活　101

第二節　雨中的咖啡館　105

第三節　雙重性的體悟　108

第四節　什麼才是不平凡的生命？　113

第五節　主體與教化　116

125 第六節　大道與雙重性的關係

132 第四章　在自我的解消中看見他者

當我們在回答「我是誰？」(Who am I?) 的問題時，我們不是就「什麼 (what) 是自我」的問題來回答而已，而應是就「誰 (who) 是自我」的問題來回答才是，其中這個「誰」(who)，指的不是自我的某個本性或本質，而是指那些與我相遇、相知、相識的所有「他者」。……

133 第一節　「他者」的存在

137 第二節　「他者」是自我最重要的因素

140 第三節　胡塞爾和海德格爾對「他者」的闡釋

144 第四節　自我有賴他人的成全

149 第五節　「他者」的倫理學

第三篇　咖啡的自然哲思

162 第五章　農人、咖啡與自然

來自咖啡產地的急件，訴說著咖啡農貧窮的真相。當我們手拿一杯香醇咖啡的同時，在遙遠的熱帶雨林裡，有許多我們從未謀面的陌生人或動植物，正在生命的邊緣中掙扎。……

163 第一節　頂級咖啡背後的真相

166 第二節　世界貿易組織的困境

170 第三節　平等權利的真正意涵

173 第四節　平等問題的終極辯證

176 第五節　「行為的基本法則」的介紹

第六節　動物權迷思的辯證 180

第七節　天地萬物與美的連結 186

第六章　在咖啡中泰然任之 196

從咖啡之為「物」中體會海德格爾的天、地、神、人的四重整體，學會棄絕自身以聆聽天地萬有的聲音，在咖啡所提供的場域中將自身與萬有集置，才能切近大道。……

第一節　因為未知而恐懼 198

第二節　「咖啡之為物」的特質：接納與分享 202

第三節　築造一個相遇之場域 207

第四節　老子的物論 211

第五節　從老子到海德格爾的自然觀 218

第六節　泰然任之 222

卷後語 230

從教育的省思中找尋自身存在的價值，然後在彰顯自身價值的過程，我看到了存在的勇氣；然而勇氣並非只是不懼疼痛的匹夫之勇，而是必須看到生活周遭中每一位他者的重要性；最後，將他者推至整個自然萬有的存在，自己與世界合而為一。……

參考書目 244

第一篇

咖啡的
孤獨哲思

The
Philosophy
of Coffee:

Solitude

1.

第一章

沉浸在咖啡的
孤獨感

第二章

獨與天地精神
相往來

第一章

沉浸在咖啡的孤獨感

第一節　在咖啡的世界中體會孤獨

「在下雨的巴黎午后，我獨自坐在左岸咖啡館。」好熟悉的一句廣告詞。在現代人的心目中，咖啡確實已成為追求品味的代名詞，雖然這只是一種風尚的趨勢，但至少說明了咖啡在現代生活中的定位：對雅痞來說，它是一種時尚及表現自我的方式；對一般文人而言，它可以是寧靜獨坐的一個藉口；對任何一個孤寂的心靈來說，它又成了一個沉靜面對自我的想像空間；……。無論是對哪一種人，咖啡似乎永遠是屬於個人式的消費方式，至少是個人內在或個體之間的單獨對話。鮮少有人會把咖啡和大群朋友嬉鬧的場面作聯想，因為咖啡給予人的印象與畫面，總是一個人獨坐、沉思、閱讀、或二個人之間的心靈交會。或許，這就是所謂的「咖啡文化」吧！

相較於咖啡的個人式消費方式，茶在中國人的心目中，似乎就是朋友聚會的代名詞了。一想起茗茶，腦中自然浮現「寒夜客來茶當酒」的名句。想像中的茗茶場合，總是朋友來訪，主人殷切地煮一壺好茶饗客，在寒夜裡或雨夜中，賓主促膝而談的溫馨畫面。姑且不論茗茶在現代人生活中的角色，到底是表現主人茶道的品味，或是炫耀花大把金錢購得比賽冠軍茶，或是凸顯粗茶淡飯的鄉野情趣……可以確定的是，茶總是出現在朋友歡聚的場合裡。當然，對一個以追求名牌為時尚的現代人而言，咖啡與茶並不一定能讓他更深層地面對自我或享受朋友相聚時的歡愉，因為他真正在乎的可能只是：咖啡是不是百分之百的藍山？茶是不是幾萬塊一斤的冠軍春茶？但若是對一個想要了解自己、認識朋友的人來說，咖啡與茶倒可能使他在靜坐中享受孤寂、在相聚中重溫友情，因為他真正重視的是內心深處的自我與好友之間的情誼。

“在下雨的午后，我獨自坐在咖啡館。”

當然，身為中國人，尤其是中國的讀書人，總不免要老生常談「超越的理想」或「空無的境界」。在此，我亦不能免俗地為咖啡與茶各自所代表的世界與文化意涵，提出一個超越的建議，那就是：如果一個人能真誠地面對自己，時時省察自我心靈的深處，那又何需咖啡來構築一個自我的空間？若朋友之間果真肝膽相照、心靈交流，那又何需茶之一物作為媒介？或許有識之士早已洞悉此理，只不過藉咖啡與茶聊為助興而已，其實若無亦可。誠然如此。那麼，人雖不應為物所役，但若能以物怡情，其實又嘗不可呢？人生不過百年，於此短短數十寒暑，若果真能知悉自己的最深層處、結交知己好友，有無媒介其實已然不重要了，毋須再以道德之說限囿，畢竟咖啡與茶不過是讓我們能更加透視生命、享受人生罷了！因此，不論是茶或咖啡的品味及哲思，它們都可以是輔助我們透視自己心靈世界的媒介，但切記的是它們並不是目的。

但是，如何透視自我的內在心靈世界呢？這就是本章要說的主題——孤獨。什麼是孤獨？它在人生命中的意義、價值以及地位何在？而我又是如何在咖啡的世界中重新體會孤獨的呢？

第二節　從童年的孤獨經驗談起

先從童年說起吧！孩提時代的我，住在一座擁擠的四合院老厝裡，主屋區隔為二間，各有一戶人家生活其間，而東、西廂兩側又各有不同的兩戶人家居住著（所以這座小小的四合院裡竟然同時住著 6 戶人家），我呢，就跟著父母親及外祖母住在東廂靠南邊的這一戶，內部又被我父母親隔成兩個小間，一間是父母親的臥室，另一間就是我跟外祖母的房間了。由於生活空間有限，四合院內的各戶人家都極盡所能地利用院落內的公共空間，於是我家的廚房和浴室就緊挨著東南側的牆邊搭建出來的鐵皮屋。大雜燴般的居住環境，造就了院落裡人際脈絡的互動頻繁且複雜，因此，小時候的印象裡，常常是院落內各戶人家間的爭執與吵鬧，或者是鄰居間數不盡的串門子活動。在東家長西家短的生活環境中，我常常不自覺地將自己孤立起來，儘管當時的

> **在朗朗晴空下，一個渴望孤獨的孩童，正張著一雙對世界無比好奇的眸子，從一座頹圮荒廢的老屋屋頂，看向這個無垠的天空。**

我並不懂孤獨為何，但卻時常在這複雜擁擠的生活空間裡，渴望為自己尋找任何一個可以獨處的機會。在四合院外的天公廟附近，我總是會去注意到在這些交錯的巷弄之間，存在著一些頹圮荒廢的老屋、或是人跡少至的轉角空間、甚至傳說有鬼怪出沒的鬼屋。

“我內心嚮往孤獨的渴望從來就不曾消失過。”

記得有一次，我終於鼓足了勇氣，走進那間附近小孩子們口耳相傳的鬼屋。在荒煙蔓草中，我站在一間殘破不堪的屋子裡，從四周斑駁脫落的水泥牆，可以看得出來這房子已經荒廢了有一段時日，屋子裡散置著幾樣破舊蛀蝕的木家具，且上面覆蓋著不少掉落的屋瓦磚石，這時我才注意到房子的屋頂幾乎已經鏤空，從破落的屋頂看上去，我見到了在藍天中緩緩飄動的白雲。這個景象在我童年的心靈裡烙下極深的印象——在朗朗晴空下，一個渴望孤獨的孩童，正張著一雙對世界無比好奇的眸子，從一座頹圮荒廢的老屋屋頂，看向這個無垠的天空。

時光荏苒，這個對世界充滿好奇的孩童逐漸成長，從小學、國中、高中、到大學、研究所，但是這個孩子渴望孤獨的內心並沒有隨著年紀漸長而改變——不！其實是有改變，變得更渴望了。大學以前為了聯考，時常讀書到深夜，那時的我偶而也會放下手邊的教科書，抬頭看著星空，思索著一些懵懵懂懂的問題；大學以後，這個夜讀的習慣變本加厲，有時更會看著東方的天空破曉了，才不得不上床睡覺，為的也是享受這個孤獨所帶來的寧靜；直到現在，我還是時常一個人獨坐在書房裡，思索的仍是這個讓我深深著迷但卻永遠沒有解答的大千世界。

當然，這樣的習慣總是令我的家人感到不安，他們不斷地從讀書效率、身體健康、睡眠品質、心理平衡……等種種因素來說服我早睡。於是，我在家庭和諧的考量下，放棄了追求自我的那份孤獨，在婚姻與親情所構築的家庭生活裡，美好而緊張忙碌地度過每一天。可是，只有我知道的是，內心那份嚮往孤獨的渴望從來就不曾消失過，就像回到了四合院時期的童年，我又開始四處張望著各種可以讓我獨處的機會：每週在臺南往返嘉義之間的開車途中，是我最長的獨處時光，有時在校園民歌的陪伴下，我會想起那個在青春狂飆的年代裡正在狂放高歌的我；到住家附近的商店購買日常用品時，我總是堅持用走路的方式，因為只有這樣，才能拉長獨自散步的時間；甚至，在家蹲廁所時，我總是帶著一本較閒散的書本進去，慢慢地享受一個人的「坐」讀之樂……。

在這些稀奇古怪的方法所爭取來的獨處時光中，就數泡在咖啡館裡最「明目張膽」了，這大概是咖啡文化裡的那種孤獨感，已經令人們有了既定印象而讓我省卻了不少唇舌來說服周邊的人，似乎只要是說到咖啡館喝咖啡，家人或朋友就了解到我需要一個人獨處了。如同本章一開頭所提到的「左岸咖啡」廣告就充滿了咖啡的自我旅行意象，或如近來 7-11 的 City Coffee 廣告也訴求著在城市中漫遊的自在狀態，都是把孤獨與咖啡結合為一的手法。有趣的是，這樣把咖啡與孤獨連結在一起，非但沒有讓人們恐懼孤獨或排斥咖啡，相反地，兩者的結合反而巧妙地讓孤獨有了另一種咖啡式的休閒放鬆，也讓咖啡有了另一種孤獨式的自由瀟灑。為何如此？

> **當人們在品味審美咖啡的同時，就已經從四周種種紛擾中獨立超拔出來，進而喚醒自己內心潛在的孤獨感受。**

我想最重要的原因或許就是人們能從咖啡的品嚐中喚醒感官的美感，而感官的美感又必須摒棄周邊的干擾，以達真正無目的性的審美境界，因此，當人們在品味審美咖啡的同時，他已經從四周種種紛擾中獨立超拔出來了，然後在這份超越周遭紛擾的體會中喚醒自己內心潛在的孤獨感受。

第三節　在孤獨中創作

這就是為什麼有那麼多的文學家與哲學家，常常都是在咖啡館的沉靜中，創造出膾炙人口的不朽作品的原因了。因為他們在咖啡的品味中喚起內心的孤獨感，透過孤獨所帶來的自由與超越，他們的想像力不再受到世間任何思想的羈絆。美國的文學家狄拉 (Annie Dillard) 對此有非常深刻而饒富趣味的說法，她在《寫作生涯》(*The Writing Life*, 1989) 一書中曾經這樣描述她的寫作過程：

每個早上，妳都得爬好幾層樓梯，進入書房，打開落地窗，

> 把桌子和椅子推到外面去。桌椅懸在半空中，離地30英呎，位於一群楓樹的上面。桌椅都就好位以後，妳還得回過頭去拿妳的熱咖啡。
>
> 接著，妳戰戰兢兢地跨出落地窗，坐在椅子上面去。越過桌面，妳可以清楚看得見遠處在冬日裡流動的河流。這時，妳會為自己斟上一杯熱咖啡。
>
> 鳥兒在妳的椅子下面翻飛。
>
> 當春天來臨，楓樹上長滿葉子的時候，妳的目光會禁不住定在那些僅僅離妳椅子下面一點點的樹頂上。黃鶯在樹梢上嘰嘰啾啾，捕捉飛蟲。開始幹活罷！妳的工作是保持想像力的齒輪轉動，好讓妳和妳的桌椅能繼續停留在半空中。[1]

狄拉運用了豐富的想像力，巧妙地結合了咖啡、孤獨與寫作，將一個人在孤獨時所能發揮的思想感受推向了極致。誠如國內學者傅佩榮所說：「首先，孤獨使心靈趨於寧靜。……其次，孤獨使思想更為深刻。……第三，孤獨使生命恢復完整。……〔所以〕在孤獨中，人享有比較真實的自由。」[2]因此，

---

1 參見Annie Dillard, *The Writing Life*, pp.10-11. 轉引自Philip Koch著(1997)，梁永安譯(1997)，《孤獨》，臺北縣：立緒文化，1997年初版，頁178-179。

2 參見傅佩榮，〈孤獨三昧〉（中文版序），載於《孤獨》，頁11-15。

人類文明中一些偉大的作品常常都是來自於孤獨者的沉思。

或許有人會說這些文學家或哲學家都是瘋子或怪物，他們其實都太過於多愁善感，或者孤芳自賞，在孤獨中自尋種種痛苦，以「為賦新詞強說愁」。我想這是對孤獨者的誤解。事實上，並非這些文學家或哲學家自尋孤獨以求創作靈感，相反地，孤獨才是人生的真正本質，只是一般人昧於這個事實，自願麻木地在人群中生活，而文學家與哲學家以敏銳的感應，深刻覺察到生命孤獨的真相，透過文學作品或哲學論著以彰顯這個事實，敲動廣大群眾那顆早已麻木的心靈，留下許許多多撼動人心的偉大作品。誠如國內美學家何懷碩所說：

“人類文明中一些偉大的作品常常都是來自於孤獨者的沉思。”

> 偉大的藝術心靈是人的意義的探索者，孤獨而崇高。……深入人生內核，感受共同的孤獨與痛苦；而超出其外，以悲憫的靜觀，表現藝術家之思感。藝術心靈實則為終極關懷的哲學心靈，我與眾生同悲憫的人道心靈，在聲音色相

中發現精神價值的美學心靈，藉狂歌吶喊與絮絮低吟來寄洩生命的抑鬱，表達人生之體驗的詩心。[3]

所有偉大心靈的創作都在告訴我：孤獨才是人們應該真正體悟的生命真相。但是有趣的是，絕大多數的人卻不是這樣想的，人們害怕孤獨，每當孤獨來臨時，就想盡各種方法以驅趕孤獨，他們或者是在親情中尋求慰藉、或者是在愛情中互相取暖、或者是在友情中慷慨相助、甚至是在宗教中重尋生命的喜悅……，這些都是人們用以擺脫孤獨的常用方法。但是，這些方法真的有效嗎？如果人生的本質就是孤獨，生命的真相就是孤獨，每一個人在世間都是一只孤獨的小舟，那麼當這些用以驅趕孤獨的外在因素消失時，我們仍必須面對自己永遠是一個孤獨個體的事實。

誠然，親情是人們生而有之，在父母兄長的庇蔭下，對付孤獨是最為方便的選擇，離家遠行的遊子，永遠渴望著溫暖的家庭，在親情的光輝中，孤獨似乎暫時被阻擋在家門外。但

“孤獨才是人們應該真正體悟的生命真相。”

3 參見何懷碩，〈孤獨的滋味〉（中文版序），載於《孤獨》，頁 6-7。

是，我們也不要忘了——家才是人們生命中永恆的戰場，多少人不堪的回憶中，家庭是主要的場景，即使如此，我們仍然沒有選擇家庭的權利，因為命定如此。所以弔詭的是，這些人窮極一生想逃離家庭對他的束縛，但卻又不耐孤獨地耗盡一生在尋找家庭的慰藉。為何？只因他不知道孤獨才是生命的真相！

對於愛情與友情，何懷碩曾用了一個巧妙的譬喻，他說：「友誼事實上就是削除性吸引力的『愛情』。……最高等的愛情是靈肉合一，即一個靈魂，一個身體。一般的愛情是兩個靈魂，一個身體。摯友則是兩個身體，一個靈魂。」[4]但是並不是人人都能得到「靈肉合一」的愛情或「兩個身體，一個靈魂」的友情，因為高貴而堅定的愛情或友情雖然是生命的最佳禮物，但是並非人人都有資格或有機會擁有它們，只有少數勇敢而有智慧的人——如果他又夠幸運的話，那麼或許真正的愛情或友情就會降臨在他身上。因此，從另一方面看來，絕大多數的愛情與友情，都仍是「各自的靈魂、各自的身體」，他（她）們的靈魂仍舊是孤獨的！

最後一種尋求解除孤獨的方法就是乾脆放棄人性而代之以

4 同上註。

神性。既然人生的本質就是孤獨，那麼放棄人生也就避開了孤獨，而神明（或上帝）的無所不知、無所不在，恰好就提供了害怕孤獨的人永恆的依賴。於是人們投身於宗教，藉由宗教的力量，祈求神性的降臨，助他（她）離苦得樂、涅盤永生，不再受人身輪迴之苦。但是，我們也莫忘了希臘神話故事裡諸神的愛恨情仇，仍舊不離孤獨的枷鎖。

“許多文學家與哲學家在咖啡的品味中喚起內心的孤獨感，透過孤獨所帶來的自由與超越，想像力不再受到世間任何思想的羈絆，因而創造出膾炙人口的不朽作品。”

顯然，孤獨不是人的好惡所能左右，而是生存的個體無可奈何的事實。對於追求比生存層次更高的精神價值者，強烈的孤獨感雖然時常使生命瀕於碎裂，但卻也是醞釀人性光輝與偉大作品的靈感之所。但孤獨到底是什麼？它又究竟有什麼魅力，能讓許多的先哲文人前仆後繼地追隨它呢？或許您會問：既然是孤獨，那每個人應該都會有各自屬於自己的不同見解吧，又何必耗費時間精神去討論它呢？在此，請容我引用《孤獨》一書的作者菲力浦・科

克 (Philip Koch) 的一段文字來表明我的態度：

> 我由衷的期待：你與我，能在書中的時空會合，攜手一道，帶著批判性的謹慎去欣賞各種孤獨的讚譽或批評。而在這短暫的同遊結束後，我知道，你我將會靦腆地相視一笑，然後各自回歸到我們所從來的寧靜空間裡去。[5]

第四節　孤獨的各種面貌

現在，就讓我們一起來品味孤獨吧！

首先就先來談談什麼是孤獨？根據科克的定義，孤獨是一種持續若干時間、沒有別人涉入的意識狀態。有了這個核心的特徵，孤獨的其他特徵也就跟著源源而出了：單獨一個人、具有反省心態、擁有自由、擁有寧靜、擁有特殊的時間感和空間感……等等。看來，孤獨不僅惠贈了人們休息與恢復的好處，它也提供了一種特殊的時間感與空間感，讓人在這裡得以癒合

5 參見《孤獨》，頁 23。

那些在社會與人群中所扯裂的傷口。這是一種非常奇特的經驗，恐怕非得親身經歷孤獨經驗的人，不能深刻地描繪出在孤獨情境下的身心狀態。說到孤獨的體驗，還有比梭羅 (Henry David Thoreau, 1817-1862) 在《湖濱散記》(*Walden*) 裡描寫的來得更為傳神的嗎？該書〈孤獨〉一章中，他開頭就如此寫道：

> 這是一個恬靜的黃昏，我全身的感官渾然為一，難以名狀的歡欣浸潤了每一個毛孔。我以一種奇怪的自由在自然中來去自如，彷彿成了她的一部分。
>
> 我穿著襯衫，沿多石子的湖岸信步而行，儘管天有點涼，雲多，風也多，而且也沒有甚麼特別吸引我的事物，但我卻感到大自然的種種，跟我異乎尋常的投契。牛蛙呱呱鳴唱，邀人前來欣賞夜色，夜鷹的梟叫聲也被風從水面上吹送了過來。我神移於赤楊和白楊的款款擺動中，幾乎喘不過氣來；然而，我的心情卻像湖面一樣，波而不亂。被晚風吹起的陣陣小水波，雖然使湖面不能保持平靜如鏡，卻還算不上是波濤洶湧。[6]

梭羅在華爾騰湖 (Walden Pond) 的獨居生活中，並沒有用華

6 參見 Henry David Thoreau, *Walden and Civil Disobedience*, p.89. 轉引自《孤獨》，頁 20。

麗的詞藻來誇大他的生活哲學或體驗，相反地，他用一種奇特的平凡觀點，忠實記載了他在華爾騰湖的一點一滴，娓娓道來在一片寧靜平凡的大自然裡，他內心如何湧起一陣波而不亂的心境。這樣的體會，我也曾經有過。

記得有一次，我從電梯走出來，依往常的習慣，快步走向教室大樓準備上課。望著熙來攘往的學生，我也早已習慣了，只是當天的人潮似乎比平常為多。於是我避開了穿堂，轉向教室大樓的中庭走去。這是一處四面環繞建築物的方形中庭，其中綴以幾許熱鬧的綠色植物，小小的綠地偶而也會間歇灑水，為這中庭帶來不少生氣。平時裡，我很少走過這裡，倒是常在下課休息時間，從教室或研究室的大落地窗，遠眺這個靜中帶鬧卻又鬧中有靜的中庭。今日不經意走過，只覺豔陽高照，炙膚生疼。無怪乎平日裡很少有人駐足在這中庭，往來的學生雖多，但總是匆匆走過。不過，就在我行經這一小片綠地時，我腦中突然閃過一個奇妙的感應，似乎有什麼力量，讓我停下腳步。站在一叢茂盛的低矮灌木旁，一

“孤獨是一種持續若干時間、沒有別人涉入的意識狀態。”

陣微風拂來，輕輕地流轉在我四周的空氣裡，似乎使陽光也不再那麼刺眼了。我抬頭望向天際，只見湛藍的一片天空，被這四面環繞的教室大樓，構築在一個四方形的輪廓裡，其中沒有一絲白雲，也沒有一隻飛鳥，就只是純靜的四方形藍色天空，就像一張淡藍色的正方形色紙一般，端端正正地平放在我的頭上。這景象讓我進入了渾然忘我的時空裡，眼前的一切顯得緩慢而平靜，所有的感覺與動作似乎都在時間的流動中停格。我不知道我究竟這樣在中庭裡站了多久，等到在意識裡隱約聽到鐘聲響起，這才喚回我悠遊的思緒與心靈，於是我收回遠眺的目光，重新跨步向教室走去，結束這段秋日午后的奇妙境遇。

這是一次有趣的經驗。從此以後，每當閒暇下來，我都會從研究室的落地窗凝望這片曾經令我目眩神迷的藍天與綠地，而且更有幾次在不經意的情況下，我竟又重現了那樣的心境與感受。這時的我不再像那次一樣陷入混沌的迷離狀態，而是更能深入自我的內心裡，觀察自己在心境上的各種微小變化——似乎有另外一個「我」正在觀察這個進入迷離狀態的我，於是「我」看到了我站在落地窗前，視線越過窗戶玻璃，望向園中那些隨風搖曳的灌木和枝木上尚未掉落的泛紅秋葉，雖然中庭

“純靜的四方形藍色天空，就像一張淡藍色的正方形色紙一般，端端正正平放在我的頭上。”

裡仍有學生走動著，但四周一片安靜，聽不到任何的聲響，「我」任由這片靜謐包圍和穿透我，那些繁忙的日常生活、那些人們對我的目光（不論是出自關懷或是怨懟）、那些縈繞在心裡的未來計畫、……所有一切的細節，都逐漸在隱退，隱退至我意識範圍的底層，就像相機的焦距逐漸模糊一般，此時的「我」清楚感覺得到自己正在沉靜下來。

這樣的經驗，算得上是一種奇怪的時間體驗，大概就是哲學家口中常說的「主觀時間」吧！法國哲學家柏格森 (Henri Bergson, 1859-1941) 就認為，主觀的時間——由主體所感知的時間——與客觀時間的根本分野之一是：它會緜延 (endure)。因此他說道：

> 毫無疑問，我們的時間感最初來自內在經驗的連續性。那是怎樣的一種連續性？這種連續性類似一道流，但卻是一道自足的流，不牽涉任何的流動體。出現在這道流之中的

任何物，都是對流的一種人為性的打擾；這道流，恰如其分地去體驗它的話，無非就是純粹的緜延。……當我們閉起眼睛，全神貫注地傾聽一段旋律的時候，那種體驗極端接近我們對內在時間之流的經驗。[7]

這種內在的主觀時間，像極了孤獨時的深刻感受，無怪乎當我們翻閱所有歌頌孤獨的文章典籍時，就會發現它們何其喜歡強調孤獨有它自成一格的時間模式。很明顯地，孤獨與主觀時間幾乎完全被連結在一起。這是因為每個人都生活在他所身處的社會中，而這個社會常常要求我們去配合別人的時間，當一個場合裡涉及的人數愈多，個體所被要求的配合度就愈大，以至於不得不以一個客觀的外在時間作為共同的基準。但是，只有在孤獨中，在人與人不發生任何交涉的情況下，個人的主觀時間才有可能完全的自由揮灑。就像梭羅在華爾騰湖畔所描述的時間觀：

有時，夏天的清晨，經過我習以為常的沐浴後，我會坐到陽光明暢的門口，從日出到中午，忘我地在遐想中、在松樹與山胡桃與漆樹之中、在未經騷擾的孤獨和寂靜之中，

7 轉引自 Sherover, *Duration and Simultaneity*, pp.218-219。

鳥在周圍鳴唱，或無聲的穿屋飛過。一直到太陽從西邊的窗子落進來，或遠處公路上傳來篷車的轆轆聲，我才會覺察到時間的過去。[8]

第五節　哲學家眼中的時間

這樣的主觀時間與一般人所理解的客觀時間有很大的不同。但問題是：真存在有客觀時間嗎？當人們不再透過孤獨來彰顯個別獨特的內在時間之後，真的有一個完全客觀的外在時間是可以作為所有人的共同時間基準嗎？於是，這裡就出現了一個古老的哲學問題：何謂時間？

> **一直到太陽從西邊的窗子落進來，才覺察到時間的過去。**

根據德國哲學家康德 (Immanuel Kant, 1724-1804) 在《純粹理性批判》(*Kritik der reinen Vernunft*) 及《任何一種能夠作為科學出現的未來形而上學導論》(*Prolegomena*

8 同註 6，頁 32。

> 時間是對永恆的模仿。

zu einer jeden künftigen Metaphysik, die als Wissenschaft wird auftreten können) 書中，提出 4 個著名的「二律背反」(antinomy)，其中第一個提到的就是關於時間的概念。[9] 由此可知，時間的概念向來就是自然哲學中非常重要的研究議題。例如：古希臘哲學家柏拉圖 (Plato, 427-347 B.C.) 在〈蒂邁歐〉(*Timaeus*) 篇裡有一句名言：「時間是對永恆的模仿 (minesis)。」[10] 不過，柏拉圖在這裡所講的永恆，並不是時間不斷流動、永無開始和終止、前後無限延伸，而是講這個時間的生命歷程，即在宇宙還未被創造出來的時候，這些永恆的「理型」(idea)，已經不變不動地存在著，並已包含每個個別「理型」的整個生命歷程；而所謂創造，只不過工匠 (demiurge) 在時間的層面上把這些「理型」的生命歷程重新鋪排、展開出來而已。不過，最早對時間概念提出有系統的分析與探討，仍然首推亞里斯多德 (Aristotle, 384-322 B.C.)。亞里斯多德的《物理學》(*Physica*) 一書可稱是世界上最早的物理學專著，在這部著作裡他討論了月亮以下的世界裡時間、空間和力學的一些問題，其中關於時間的論述非常多，例如：「一切變化和一切運動皆在時

---

9 康德的四組二律背反中的第一組就是：「世界在時間與空間上是有限還是無限？」內容涉及兩個命題：正命題是世界在時間上有一個開始，就空間而言，也受界線所包圍；反命題是世界沒有開始，沒有空間的界線，世界無論是就時間或空間而言，都是無限的。因為康德認為：一個自存的感性世界（我們僅討論這個感性世界，因物自身的世界是我們所不知道的）的概念，既然本身是自相矛盾的，那麼有關它的大小的這一問題之解決，無論是試圖肯定或否定的回答，都永遠是錯誤的。

10 Plato, *Timaeus*, p.37c6.

間裡。」[11]「時間是使運動成為可以計數的東西。」[12]「在任何地方，同時的時間都是同一的。」[13]……等。

很顯然地，「時間」這個概念，雖然看似簡單，但卻不約而同吸引著古今多少哲學家與科學家關注，他們都曾在各個不同的歷史時代與社會脈絡中，提出過一個共同的問題：時間是什麼？可見時間概念的內涵，著實關繫著整個人類思想最基礎、最核心的部分，所以不論是在哲學或科學界，均對「時間」議題有無限的想像與探索。例如：引發 20 世紀科學革命波瀾的重要推手之一的愛因斯坦 (Albert Einstein, 1879-1955)，他對「時間為何？」問題的探討又是另一種不同的型式。因為愛因斯坦的時間觀並不是受其時代思潮的影響下而產生的，相反地，愛因斯坦的新時間觀點對他所身處的時代與社會產生巨大的反動力量[14]，他摒棄絕對時間、絕對空間以及超距作用 (action-at-distance) 等牛頓 (Isaac Newton, 1642-1727) 的觀念，他認為時間與空間已不再是絕對的，而是與觀察者相對的，對於身處不同座標系統的觀察者而言，他們的時間與空間感其實並不是相同的。有趣的是，愛因斯坦雖然說明了觀察者與時間的相對關係，但他並沒有再深入一步地說明究竟是人來定義時間的本質

11 參見 Aristotle, *Phusike Akroasis/Peri Geneseos Kai Phthoras*，徐開來譯 (2002)，《亞里士多德．物理學．論生成和消滅》，臺北市：慧明文化，2002 年第一版，頁 122。

12 同上註，頁 124。

13 同前註，頁 125。

14 這就必須從 18 世紀英國的大科學家牛頓談起。牛頓在他的《自然哲學的數學原理》(*Mathematical Principles*

意義，還是時間賦予了人的存在意義。

顯然，我們必須重新思考「時間意識流來自於意向性的活動」的議題，因為意向性的活動標示著觀測者的主觀意向。因此，讓我們回到愛因斯坦在《相對論》(*Theory of Relativity*) 中所揭示的「時間相對性」觀點上，他所主張的時間乃是由不同的觀測者所立基的不同座標系統，而有所不同的時間觀測值。在此，愛因斯坦巧妙地利用「同時性」(simultaneity) 概念的重新詮釋，將傳統的絕對時間觀點，轉換至相對時間的觀點。藉由愛因斯坦的「時間的相對性」來自觀測者的立場差異的理論，我們可以將之與胡塞爾 (Edmund Gustav Albrecht Husserl, 1859-1938) 的「時間來自意向性活動」結合，而肯定了存在者與時間之間關係。但至於它是如何的關係？海德格爾 (Martin Heidegger, 1889-1976) 早已在他《存在與時間》(*Sein und Zeit*) 書中明白地告訴了我們。[15] 在海德格爾的《存在與時間》有一個重點：就算我們如何袖手旁觀、如何脫離世俗，我們終究還是生存著、存在著——這個事實，是我們必須首先承認。然後，我們的生存，也必然在時間的層次上發生。然而，我們這種時間場域的存在，跟一般物件或存在物不同之處，在於時間的流

of Natural Philosophy) 裡提出了新的運動定律 (Laws of Motion) 完全取代了亞里斯多德的學說。且繼牛頓之後，有拉普拉斯 (Laplace)、拉格朗日 (Lagrang)、漢米爾頓 (Hamilton)、賈可比 (Jacobian)、歐勒 (Euler) 等人發展更完備的「牛頓機械力學」。因此牛頓之後至 19 世紀末所發展出的系統，包括力學 (Mechanics)、聲學 (Acoustics)、熱學 (Heat)、電磁學 (Electromagnetism)、光學 (Optics)，統稱為「古典物理學」(Classical Physics)。但是，愛因斯坦及他的《相對論》，正是要針對這些已根深蒂固的物理基礎進行反駁。

15 1924 年 7 月，海德格爾在馬堡大學向一些神學家講演。在這次講演中，他又提到許多後來在《存在與時間》中很重要的觀點。這些觀點都是圍繞著關於時間的存在問題來建構的。最後，海德格爾對這一論題進行辯護：

逝對我們並不是無關痛癢的。我們時時刻刻意識到生命的有限性、死亡的逼切性，因此，時間的流逝不再是與我無關的事，而我自己也不再是隨便一個存在物。這種關懷的開始，逼使我們不再把時間視為一條沒有開始和終結、不斷流變的河流，而是找到一個插入點，去把無限伸延的過去和將來統一起來，以對將來的投射和籌劃，整理我們的過去和理解我們的現在。在這裡，言詞的作用和意義，不在於為流動的時間給予一個永恆的對象，而在於發現和理解我們的過去、現在、將來的可能性。用海德格爾自己的話就是：「只有從言談 (Rede) 的時間性出發，亦即從一般此在 (Dasein) 的時間性出發，才能澄清『含義』的『發生』，才能從存在論上使形成概念的可能性得以理解。」[16]

> **時間的流逝對我們並非無關痛癢，我們會時時刻刻意識到生命的有限性、死亡的逼切性。**

如果我們將海德格爾對時間概念的觀點與亞里斯多德和愛因斯坦的觀點進行比較，我們就會清楚地看到，他的觀點雖然近於從觀測者的角度來觀照時間，但實際上仍有深層意義

就此在向來是作為消磨時間的東西而存在而言，此在給出時間，因為它就是時間。正如這本書的書名，時間概念在《存在與時間》中占有相當重要的位置。在這本書簡短的前言中，海德格爾就已經表明了存在與時間是如何相關聯的：本書的目的就是要具體探討存在的意義問題，而初步的目標則是把時間闡釋為使對存在的任何一種一般性領悟得以可能的境域。

16 "Aus der Zeitlichkeit der Rede, das heiβt des Daseins überhaupt, kann erst die 'Entstehung' der 'Bedeutung' aufgeklärt und die Möglichkeit einer Begriffsbidung ontologisch verständlich gemacht warden." Heidegger, *Sein und Zeit*, p.349. 陳嘉映、王慶節譯 (1990)，《存在與時間》，臺北市：久大、桂冠，頁 463。

上的不同之處：首先，海德格爾並不是從一種自然哲學立場去處理時間問題，而是著眼於為形而上學或存在論提供基礎才去處理時間。故而，在他的理論中並沒有直接把時間與空間中的運動關聯起來。其次，他也沒有從「現在」時刻的角度研究時間的存在。再次，海德格爾為時間與觀測者之間的關係進行說明時，並不是以「何者看何者」的方式，而是試圖建立二者之間密切的關係。因此，在海德格爾看來：「此在」本身的存在時間化而構成了時間，所以，作為「此在」的人即是時間性的存在者。

為什麼海德格爾會認定「此在」的人即時間的存在者？他在《時間概念的歷史》第 319-320 頁寫道：它自身的不斷前行——這從本質上說，即內在於「此在」之向死存在 —— 只不過是我自己的將在的存在。這意味著：「此在」總是向其自身而來 (Zu-Kunft)，在此意義上，其存在方式就是將來。另一方面，負罪和願有良知是「此在」曾在 (Gewesensein) 或過去之存在的恰當方式。就其已經被曾在之物打開而言，將來的諸可能性構成了「此在」之真正的和惟一的現在。因此，「此在」真正能在其中成為其自己之全體和整體的存在就是時間。[17] 不過，

17 轉引自 Joseph J. Kockelmans (1989), *Heidegger's "Being and Time": The Analytic of Dasein as Fundamental Ontology*, The Center for Advanced Research in Phenomenology, Inc., University Press of America, Inc., 1989. 陳小文、李超杰、劉宗坤譯 (1996)，《海德格爾的《存在與時間》——對作為基本存在論的此在的分析》，北京市：商務印書館，頁 276。

> 只有作為此在的人存在，才有時間。

這不意味著時間真是什麼，因為時間不是什麼。所以海德格爾繼續寫道：人們可以說「有時間」，但這不能解釋為時間是一個物、或是一個存在的存在者。毋寧說，「此在」使時間「時間化」，使時間存在，讓時間存在；更確切地說，「此在」將其自己的存在時間化為時間。因此，時間不是作為事件發生於其中的一種框架而外在於人的。[18]

海德格爾主張「此在即時間的存在者」似乎已經為時間概念作出了本源性的解答了，但這是否與我們日常生活中的時間觀有所抵觸呢？其實不然，因為我們在日常生活中遭遇到的時間是「常人」的時間性，這時，時間變成了變化的量度，這種量度使得在「常人」層次上的社會相互作用成為可能。牛頓和近代物理學的科學的時間觀就源於日常時間觀。因此嚴格說來，自然界中的運動，如：月球和其他星球的運動——這種運動是通過指定每一物體的每一瞬間在時間上的位置和點在空間一時間上被確定的——並不真正「在時間中」流動，因為就其本身而言，它們是「在時間之外」的，是無時間的。只有當它們的

18 同上註。

存在者在科學研究中顯露為「純自然」時，我們才在時間「中」遭遇它們。但是，如果我們不在與人的關係中設想這些存在者，那麼，它們自身就是無時間的。因此，海德格爾才會說：「只有作為此在的人存在，才有時間。」

從存有的時間化到時間的存有化，我們看到了時間的意義正是在於人不斷地追索「時間為何？」的歷程，惟有在不斷地追索過程中，時間才有了意義，正如孤獨的美感其實也是在於其被意義化的過程。顯然，意義化的過程才是時間之所從出，或是孤獨之有美感的根本原因。但是，人們為何需要意義化呢？

第六節　時間與孤獨的最終極思索

在時間與孤獨的探索中，我們不免會想到時間的終點為何？且人生最大的孤獨又是為何？對此，不論我們是透過宗教教義或人生體驗，甚至哲學思考，答案似乎都指向了死亡這件事，所以「人生是被拋擲到世間且走向死亡的歷程」、「最大的孤獨是死亡」等話語就時常在我們的周遭中被提起，人們對時間與孤獨的最終極思索慢慢地變成了對死亡議題的追問。但是，對於死亡，人們惟一知道的只有「人皆有一死」，至於何時會死？如何就死？死後為何？……等疑問，卻完全沒有答案。因此，除了「人皆會死」外，死亡對我們而言，充滿了不可預知性，人們也就開始產生了「死之恐懼」，而且，由對「死之恐懼」進而產生了「死亡的疏離感」，進而對死的輕忽漠視，正是對許多生命安全觀念忽視的開始。更有甚者，如果生命的終點，都將走向死亡，那麼生命的存在有何意義？以此推論，或許人們對死亡的懼怕，其背後真正的原因是害怕自己的生命原來是沒有意義的！這也是現代社會中主體的疏離感之所以如此盛行的原因了。於是，身為現代化社會的一員，每天早上我們從住家開門外出，在電梯間或在巷道轉角處遇見鄰居，我們已經很少會主動微笑或打招呼了；到了學校或工作地點，人與人之間的關係好像也都或多或少帶有競爭與排序；回到家中，家人之間似乎也隔著一層薄膜般絕緣，加上把學校作業或上班工作帶回家裡接著做，

> **如果生命的終點，都將走向死亡，那麼生命的存在有何意義？**

彼此間更少有交集與閒談……。我們日復一日地追趕著某些目標，以求暫時忘卻死亡所帶來的恐懼，殊不知這樣的忙碌更加深化了人作為主體的疏離感，使得每個人都活在自己所虛構出來的生活空間中而不自知。

從時間與孤獨的思索，我們想到了死亡，而跟著死亡而來的恐懼，卻反而造成人作為主體的最大疏離。於是，我們被迫返回思考的原點：孤獨的本質是疏離嗎？不，當然不是，疏離是由於人們對死亡的恐懼，恐懼生命的本質是否為無意義的歷程，如果我們能證明生命的本質並非無意義的，那麼又何懼於死亡所帶來的未知，當然也就不會產生主體的疏離感。換言之，一旦生命有了意義，那麼即使是面對死亡，生命仍可以在時間的長河裡傲然自立、在孤獨的存在中賦予了存有者最真實的存在感。

由此而知，無論是孤獨、時間、或是死亡，一切的關鍵之處乃在於「意義化」本身，而在所有談「意義化」的哲學思想中，最常被提及的，莫過於存在哲學 (Existentialism)[19] 了。存在哲學以其對生命的深刻體會，直接面對「生命的荒謬性」與「生

19 存在哲學關注的議題有疏離 (estrangement)、空無與焦慮不安 (nothingness & anxiety)、荒謬 (absurdity)、死亡、上帝不存在或死亡。主要代表人物：祁克果 (Søren Aabye Kierkegaard, 1813-1855)、尼采、海德格爾、雅斯佩斯 (Karl Theodor Jaspers, 1883-1969)、沙特 (Jean Paul Sartre, 1905-1980)、卡夫卡 (Franz Kafka, 1883-1924)、卡繆 (Albert Camus, 1913-1960)……等人。

命的無意義性」等重要課題進行探索，例如：德國神學家兼哲學家保羅・田立克 (Paul Tillich, 1886-1965)[20] 就曾在《存在的勇氣》(*The Courage to Be*) 書中明白指出，人生在世會經歷許多威脅勇氣的情境，如：恐懼、虛無、憂慮……等，而恐懼尚有對象（不論是具體或抽象，如：惡人、權勢、鬼怪……等）而憂慮則更抽象甚至可以沒有對象（如：失敗、死亡、虛無……等），從人類生命歷程的脈絡中來看，我們的憂慮又大致可分為 3 類：一是命運與死亡的憂慮；二是虛空與人生沒有意義的憂慮；三是罪惡感與受譴的憂慮。因此，田立克認為：面對以上這些精神壓力時，我們需要死裡求生的「生之勇氣」，即作為一個人的信心——對自己的生命有主宰權的信心。如此則一切憂慮就不成其憂慮了。

德國哲學家尼采 (Friedrich Wilhelm Nietzsche, 1844-1900) 則認為當代的虛無主義與頹廢精神是源自基督教的敗壞，使信仰成為交易行為。他在《快樂的智慧》(*Joyfal Wisdom*) 中藉一個瘋子口中道出「上帝已死」的訃聞，其意在恢復自我的責任、自我的決定，由此推演出當代價值倫理的轉換。尼采認為道德的目的，在於求自我的完成 (self-perfect)，而那些古老的基督

20 田立克，1886 年 8 月 20 日生於德國，1965 年 10 月 22 日逝於美國。他是一位新教神學家、新正統神學家、新保羅主義者並且經常被認為存在主義神學家，甚至被視為美國的存在主義者的代表人物。（中國譯作保羅・蒂利希，但是「田立克」一名乃是經 Paul Tillich 本人所選擇出的三個容易書寫〔對他而言〕之中文字——要以之做為中文名字的，故華語世界的神學研究者不妨尊重其意願沿用「田立克」之譯名。）1911 年取得哈雷大學神學碩士學位。1933 年受希特勒政治逼迫前往美國。1940 年入美國籍。1933-1955 年任紐約協和神學院教授。1955-1962 年任哈佛大學教授。1962-1965 年逝世前在芝加哥大學任教。

“一旦生命有了意義，那麼即使是面對死亡，生命仍可以在時間的長河裡傲然自立。”

教道德觀卻視受難、虛飾、節制、復仇……為美德，其本質係建立在「群體道德」(group moral) 上，迫使個人在恐懼與怯懦下接受，這些「群體道德」有害於自我完成。此外，以往的哲學體系都在追求確定性 (certainty)，但這樣的確定性反而成為了人類精神上的慰藉，從而束縛了人類思想上的自由發展，尼采認為這是弱者的象徵，惟有在主體的自由向度內，不受外在制約環境的壓迫，完成與成就獨立的自我，尋求自我真正的存在意義，這才是真正的強者。這也是為何真正的強者都是在孤獨中享受自我的完成之原因。

由此而知，倘若我們被剝奪了所有的自由選擇與所有的自主性，不再能為自我的主體性尋找真正的存在意義，那麼，孤獨就不再能稱其為孤獨了，此時的孤獨非但不能完成自我的實現，反而會淪落入更深的恐懼與依賴。因此，判斷一個人在獨處時是否為真正的孤獨？最關鍵的評判點就在於其是否自由且具意義化！由此而言，常被人們用來與孤獨相提並論的幾個狀態，例如：寂寞、隔絕、隱私或疏離……等，人們的意識中無不受到他人的影響，或是刻意想遺忘他人、或是自覺遭受到他人的遺忘、或是刻意在身體或心理上遠離他人，這些都是「我中有他的意識」(consciousness of self-in-relation-to-other)[21]。但是孤獨卻非如此。在孤獨中，人成為一個獨一無二的中心點，可以輕鬆自如向外輻射，周遭的事物都圍著他翩翩起舞。對於這種人與萬事萬物相親近的感覺，美國詩人惠特曼 (Walt Whitman, 1819-1892) 有很鮮明的描繪：

> 隨著夜的邁進，它的精神以至外觀都在改變，變得廣大莊嚴。我幾乎感到一個有形體的自然正靜悄悄臨近。巨大的水蛇星座盤纏繚繞，橫跨半個天體。天鵝星座輕舉雙翅，飛下銀河。北極星、天鷹座和天琴座，三者都各居其位，穹蒼之上，點點星光穿過清澈的藍黑色天幕激射而下，與我相親相接。[22]

那種在孤獨狀態下與自然相親相接的經驗，正是出自於主體性的全然自由，擺脫塵世間一切外在干擾，進入自我的存在意義化，此時周遭的一切都因著自我的解放而開始有了更鮮活

21「我中有他的意識」一詞，參見《孤獨》，頁 64。
22 轉引自 Collard ed., *The Art of Contentment*, p.191。

的變化，也更貼近了自我內心最深處的悸動。捷克哲學家科克 (Erazim Kohák) 一天傍晚在他新漢普夏 (New Hampshire) 的家中凝視夜色降臨時，曾有過一段奇特的經歷與感受，或許正可以說明孤獨的自在之狀態：

> 夜，越過電線桿，越過廢棄已久、雜草叢生的柏油路面，輕柔地來到。它並沒有去壓迫還在徘徊的日光。經過好一段時間，冷綠而深藍的夏日強光，才緩緩地完全退入到、如處子般的夜色之中。夜色靜悄悄地在林間滋長，滲入壑地，貫穿靈魂，治療一切，調和一切，更新這個世界，為明日新的一天預作準備。要是沒有夜來使靈魂復甦，人類很可能迅速便會把他們有限的夢全部燃盡。[23]

顯然，存在哲學的意義化之境界，似乎愈是在大自然的環境中，愈能彰顯出它的價值與光芒，但為何會如此呢？我們將在下一章〈獨與天地精神相往來〉中，擴大至人與自然的關係中，把「意義化」的本質推至最大的詮釋！

---

23 參見 Kohák, *The Embers and the Stars*, p.79. 轉引自《孤獨》，頁 35。

“

面對種種精神壓力時，我們需要死裡求生的「生之勇氣」，即作為一個人的信心——對自己的生命有主宰權的信心。

”

第二章

獨與天地精神相往來

如同 21 世紀的新咖啡哲學[24]一樣，人們在咖啡品味的過程中，不斷追索著咖啡的美學意涵及其背後所欲發揚的技藝哲思，未來的咖啡文化將不再是人們坐在星巴克 (Starbucks) 或各式精美咖啡館的舒適座位上，等待侍者端來一杯由 Espresso 機器所沖煮出來的拿鐵 (Latte) 或卡布奇諾 (Cappuccino)；相反地，人們將開始了解手工咖啡的真正精神，就是自己動手沖煮一杯屬於自己品味的咖啡，不論是濾式手沖咖啡或是虹吸式咖啡，在沖煮的過程中，每一杯咖啡都將記錄著沖煮者當下的心境與體會。這也是國內咖啡達人韓懷宗先生所說的「第三波咖啡革命──咖啡美學化」。[25]在第三波的咖啡革命中，重視不同產區咖啡的不同特色風味、濾式手沖黑咖啡開始成為主流、強化烘焙師與咖啡農的互動、重視低汙染的咖啡處理過程……，這些都在訴說著一個事實──從過去重視「咖啡」的品味到現在

24 根據國內咖啡達人韓懷宗先生的界定，將全球咖啡發展區分為三波趨勢──第一波 (1940-1960)：咖啡速食化；第二波 (1966-2000)：咖啡精品化；第三波 (2003- 迄今)：咖啡美學化。

25 何謂「第三波咖啡革命」呢？韓懷宗先生認為它至少包含了 6 項重要的變革：一是重視地域之味：「第二波」咖啡人習慣以產國來描述咖啡風味，然而，同一產國卻有數十個咖啡品種以及不同氣候與水土環境，僅以產國來論述咖啡風味，失之籠統粗糙與不專業；「第三波」改以更明確的產區、莊園、緯度、海拔、處理法、微型氣候和品種，來論述不同的地域之味。二是避重焙就淺焙：為了呈現各莊園不同水土與品種的「地域之味」，「第三波」業者的烘焙度也從重焙修正為淺培、中焙或中深焙，很少烘到二爆密集階段，頂多到二爆就出爐，以免碳化過度而掩蓋了地域之味。因此降低烘焙程度，改以淺中焙，詮釋精品豆明亮活潑的酸香水果調，是「第

強調「咖啡人」的感受的時代已經來臨了！

這個重視個人獨特性的咖啡文化中，咖啡的意義在於人之存在的意義化過程，有趣的是，與此呼應的是我們在上一章中所談到的孤獨之美感本質，在於孤獨所賦予人存在的意義化。其實品嚐一杯咖啡的過程，就是一次活化我們所有感覺記憶庫的過程，是一場結合視覺、嗅覺、味覺的美的盛宴：從觀察那略顯暗沉的琥珀色汁液、淡淡地呼吸那迷人的芳香、小啜一口那融合酸苦甘甜的滿口味蕾舒展、到緩緩滑入喉頭的餘韻；然後，在隨著溫度的不斷下降變化中，每一口啜飲都讓上述每一種感覺重新體驗不同的感受；最後，留一小口咖啡靜置放涼至室溫，再一口飲盡，讓毫無溫度作為修飾的這杯咖啡，用最原始的面貌展現它最後的風味；此時的您千萬不要急著吃蛋糕或任何食物，讓咖啡的味道慢慢地在您的鼻腔與喉嚨之間餘韻無窮地回盪著（有時這種餘韻竟可以持續一兩個小時以上），這時若能飲

> **在沖煮的過程中，每一杯咖啡都將記錄著沖煮者當下的心境與體會。**

三波」的一大特色。三是重視低汙染處理法：為了減少河川汙染，不再墨守水洗豆較優的教條，進而改良為較不需耗水的處理法，使得日晒、半水洗、蜜處理和溼刨法大為流行，不但擴大咖啡味譜的多樣性，更可保護環境與永續經營。四是濾泡黑咖啡成主流：不同於「第二波」以濃縮咖啡為底，添加鮮奶與奶泡的拿鐵、卡布奇諾等義式咖啡，改以大力推廣不加糖添奶的原味黑咖啡，採用日式、歐式、美式手沖和塞風或臺式聰明濾杯，這些曾被視為粗俗的濾泡式沖具，卻是最自然無外力干擾的萃取法，讓咖啡自己說話。五是產地直送烘焙廠：「第二波」大力推廣公平交易制度以彌「第一波」的咖啡期貨制度之弊，但咖啡農仍不免受中間商的剝削，所以「第三波」的烘焙師改以「直接交易」(direct trade)，遠赴各產區尋覓好豆，協助農民了解精品市場對品質的要求，進而提高質量，以更好的售價直接賣給烘焙商，亦可避免中間商剝削，增加農民收益，從而培養雙方

一口白水，那麼經白水洗滌後的味蕾將再度活化而喚醒對咖啡風味的記憶而使白水更顯清甜；待杯底的餘液逐漸揮發蒸乾，輕聞杯底的餘香，您會驚豔於那濃濃的焦糖香氣久久不散。至此，您會發現一杯咖啡不再只是一杯咖啡飲料而已！[26]

第一節　孤獨與美的表現

從咖啡的品嚐中去品味人生，在收集美好感覺的記憶庫裡，原來道理是相通的。但是，非得要有炫目華麗的繽紛色彩、或是複雜多變的奇幻景象，才值得收集在我們的記憶庫裡嗎？我不否認這些都是美的表現，但我不認為只有這些才是美的表現。每一個展現獨一無二的自身的同時，它都是美的表現，無論它是五彩繽紛或是平淡無華。但是，總該有個標準是可以讓我們依循作為審美的眼光，用來面對這個變幻莫測的世界吧？是的，面對混沌複雜的世界，什麼事物才能真正吸引我們的注意，成為我們美好記憶庫的一部分呢？我想應該就是最簡單的事物吧！如同已故蘋果電腦執行長賈伯斯 (Steven Paul Jobs,

---

情誼，形成產地與消費國良性互動，烘焙師與咖啡農的關係更加緊密。六是科學詮釋咖啡美學：「第二波」咖啡人習慣以主觀的經驗法則來描述咖啡的萃取、烘焙、栽培與處理，但「第三波」則輔以更精確的科學研究數據來詮釋咖啡產業，舉凡咖啡品種的蔗糖、有機酸、芳香成分的含量均有科學數據做比較；烘焙與萃取的化學變化，亦以科學理論來解釋，就連抽象的咖啡濃度也以具體的數值呈現。將咖啡的上、中、下游視為一門美學來研究，重視選種、栽培、處理、杯測、烘焙、萃取、濃度與萃出率的科學研究，是「第三波」的重要特色之一。參見韓懷宗著，《精品咖啡學（上）》，臺北市：推守文化，2012 年初版 1 刷，頁 64-65。

1955-2011) 曾說的一句話：「簡單，是細膩的極致表現。」在這個令我們不知所措的紛亂世界中，倘若有這麼一位特立獨行的人物（如：臺灣的陳樹菊女士）、或是有這麼一件單純質樸的事物（如：梵谷的油畫《農鞋》）、甚至是一個簡單概念的理想（如：自由、平等、博愛）……，想一想，它們是不是讓我們想起了某種簡單的原型、某種單純而不帶任何利益價值目的的感動呢！我想，在品味咖啡的極致追求過程中，我們也終將會發現：原來簡單才是一切的答案。

“其實品嚐一杯咖啡的過程，就是一次活化所有感覺記憶庫的過程，是一場結合視覺、嗅覺、味覺的美的盛宴。”

那麼，我呢？我應該如何正視孤獨呢？在孤獨中，我找到了自己，也接受孤獨所帶來的自由與開闊心靈。因為，在孤獨心靈的最深處，我與整個天地萬物反而更接近了；但是，同樣在孤獨中，我也迷失了我自己，因為離開了家庭與親友，我更不知道自身存在的價值了。現在，每當我思索著孤獨的本質時，我總是在想：我應該捨棄孤獨所贈予我的自由，走向人群感受

26 在此必須要先說明的是，上述所說關於品嚐咖啡的一切過程，全部是指以熱水萃取、同時沒有任何添加物的熱黑咖啡而言。如果您喝的是卡布其諾或是拿鐵之類加了牛奶的調味咖啡，那麼這杯花式調味咖啡另有其不同的鑑賞方式（可能是咖啡與牛奶的混合比例、奶泡細緻的程度、或其他特殊香料的添加），並不在本書的陳述之內。

人世間的冷暖？還是應該仿效梭羅，靜靜地隱居在杳無人煙的湖畔，盡情地享受孤獨的樂趣呢？對此，我並沒有答案。每次當我孤獨一人置身於咖啡館品嚐著咖啡的同時，我仍不時地探問自己：我究竟在追索怎樣的意義？顯然，我仍在找尋自身存在的意義化為何，惟一可以確定的是，如果沒有了書本、思想、與心靈，那麼孤獨的內容就不剩下些什麼了。

捷克文學家赫拉巴爾 (Bohumil Hrabal, 1914-1997)[27] 曾在《過於喧囂的孤獨》(*Too Loud a Solitude*) 書中透過主人翁漢嘉提到：在孤獨中他並不寂寞，因為他有書為伴！故事主角是在廢紙收購站工作了 35 年的打包工漢嘉，在陰暗潮溼的地下室中，多年來他獨自一個人將成堆的廢紙放入打包的壓縮機中。他總是打開他珍愛的書籍，翻到最動人的一段，放在層層疊疊的廢紙中間，打成一個包，外頭再裹上一幅複製的名畫。儘管擺放壓縮機的地下室蒼蠅成群、老鼠橫行，這潮溼惡臭的地窖卻在他的遊戲裡、在他的微笑裡成為天堂。他把每一個廢紙包都當成藝術品般妝點著，他把珍貴的書從廢紙堆中挑出來，藏在家裡、藏在腦裡，他在飲啜啤酒的同時，啃食著書本裡的思想和詞句，他從一無所知的年輕人變成滿腹詩書的老人，雪萊

27 赫拉巴爾，曾被米蘭・昆德拉 (Milan Kundera, 1929-) 譽為我們這個時代最了不起的作家，49 歲才出第一本小說，擁有法學博士的學位，先後從事過倉庫管理員、鐵路工人、列車調度員、廢紙收購站打包工等十多種不同的工作。多種工作經驗為他的小說創作累積了豐富的素材，也由於長期生活在一般勞動人民中，他的小說充滿了濃厚的本土味，被認為是最有捷克味的捷克作家。作品大多描寫普通、平凡、默默無聞、被拋棄在「時代垃圾堆上的人」。他對這些人寄予同情與愛憐，並且融入他們的生活，以文字發掘他們心靈深處之美，刻畫出一群平凡又奇特的人物形象。赫拉巴爾一生創作無數，作品經常被改編為電影：與小說《沒能準時離站的列

(Percy Bysshe Shelley, 1792-1822) 的詩文、老子的《道德經》、萊布尼茨 (Gottfried Wilhelm Leibniz, 1646-1716) 的情史，都是他信手拈來的記憶，在古今中外的各式偉大心靈面前，他享受著過於喧囂的孤獨。

“簡單，是細膩的極致表現。”

根據赫拉巴爾的傳記中記述，他在 1954 到 1958 年之間，曾於布拉格一處廢紙回收站當了 4 年打包工。據他自己說，他到這裡工作之後不久，便產生了要寫這麼一篇小說的想法，這個想法在他腦海醞釀了 20 年之久。廢紙收購站的 4 年生活給他的感受如此之深，使他一直沒有放棄這個題材，而是不斷地對它加以補充，進行反覆地深刻思考。1972 年，赫拉巴爾開始寫作，他曾三易其稿：先是詩，次是散文，完成則為一部憂傷的敘事曲。第一稿作者自稱是「一部阿波里奈爾 (Apollinaire, 1880-1918) 式的詩稿」，因為他「把整個故事看成僅僅是抒情詩了」；第二稿改為散文，用的是布拉格口語，但他覺得缺乏嘲諷味——即我們在文中感受的黑色幽默。他認為主人翁，通過閱讀廢紙回收站的舊書而無意中成為了文化人，用口語獨白並

車》(*Ostře sledované vlaky*) 同名的電影於 1966 年獲奧斯卡最佳外語片獎；另一部由小說《售屋廣告：我已不願居住的房子》改編的電影《失翼靈雀》(*Larks on a String*)，於 1969 年拍攝完成，卻在捷克冰封了 20 年，解禁後，隨即獲得 1990 年柏林影展最佳影片金熊獎；2006 年，改編自他作品的最新電影《我曾侍候過英國國王》(*I Served the King of England*) 上映。被捷克《星期》周刊於世紀末選出「20 世紀捷克小說 50 大」第二名的《過於喧囂的孤獨》，命運亦與《失翼靈雀》相仿，這部小說於 1976 年完稿，但遲至 1989 年才由捷克斯洛伐克作家出版社正式出版。

不合適，於是又改用「一絲不苟的嚴謹語言，捷克書面語」寫出了第三稿。這一稿讀來猶如一部憂傷的敘事曲，他滿意地說：「直到現在這個故事才是動人的。」

孤獨的打包工作，為何讓赫拉巴爾鍾情至斯，它到底有什麼的魅力？而這本小說又在述說著怎樣的生命故事與心境？我想我可以約略領悟到一些赫拉巴爾當時的心情——因為這就是孤獨的美德啊！這樣的美德不同於世俗間所謂的「道德」或「德性」，而是一種內在心靈的感動，這樣的感動可以通達天地間的萬事萬物，甚至與上帝或任何宗教的神明相呼應！何以如此？這也正是本章想要訴諸的主題了——一個孤獨的存有者，如何能在其孤獨的狀態下，與天地萬物緊緊融合為一？以下，我就先從小我與大我的關係談起。

> **“真正的孤獨在於是否自由且具意義化！”**

第二節　小我與大我的關係

在自我的涵養成長與人類的文明發展過程中，常常陷入一種非常微妙的緊張關係，即小我與大我的關係。從小到大我們都被教導一件事情，即應該「犧牲小我，完成大我」。傳統常以一種人類的、社會的、國家的、文明的、文化的等各種非常大的帽子扣在人們的頭上，要求我們屈服於此種龐大的力量底下，使得個人許多原有的想法遭受壓抑。其最大的理由就是：此乃一種「社會化的歷程」，要人們去適應未來的社會生活。但是，在此社會化的過程中，我們會發現一個問題：「『我』到哪裡去了？」換言之，在傳統文化底下，個人主體被刻意教化成特定的形貌；然而，凡是人必定有其獨一無二的特性或特徵。也正因為這些個別差異的特徵，造就了不同個體之間不同的思維模式；如此一來，小我應如何在大我之間求生存呢？小我又應如何展現自我的存在呢？

每一個體是怎麼去自我養成、教育、造就成「我」現在這個樣子？每一個體去造就自己的樣子時，其在整個人類文明與人類學習歷程中的地位或所扮演的角色又是什麼？再者，自我養成會影響到整個人類文明的發展；相同地，整個人類文明的發展亦會影響到個人的學習（自我養成）。此乃兩者不斷交替循環、交互影響的過程。無庸置疑地，每個人生長在這社會中不可能完全不受外界影響，不同師長教導出來的學生之對應方式也會不同，此乃所謂「潛移默化的歷程」。身為社會上的一分子，基本上一定受到此「身分」長久以來在人類文明社會中的某種制約、箝制或養成教育的習慣性看待。例如：當男性與女性同時面對失業窘境時，男性受到社會輿論的壓力會比女性來得大；若女性與男性外遇時，女性則會遭到較男性更大的批判，此乃因為社會文化對男性與女性之間的社會期許和壓力會因性別差異而有所不同。

由於每一個體皆無法擺脫其身在某個特定團體之下，所加諸於我們身上之潛移默化的傳統和文化的承載，進而使得個體那種獨一而二的主體性變得不復存在。因此，承載不同文化的個體，其對同一事物的判斷與看法就可能截然不同，例如：東西方之間因教育、環境等因素的不同，致使其對不同事情的判斷亦不同。換言之，個體的自我養成與人類的文明學習之間是緊密地結合在一起的，兩者之間相輔相成。顯見，每個人都是社會化的動物，雖然我們常強調每個人都是獨一無二的個體，但是仍很難擺脫掉我們的生存環境對個體的影響。

把小我與大我的對比拉到最大的差距，大概就是指個人內心最底層的心靈感受，與影響人類文明發展至深且鉅的宗教信仰的對比。但有趣的是這兩者卻也是最常被放在一起談論的，彷佛心靈與宗教儼然已經成為不可分割的一體。所以在這裡，所謂最大的差距與最密切的距離，形成了看似矛盾的等同性。因此，談小我與大我的關係，最終極的對話內容，就是心靈與宗教的對話了。何以如此？我想這就必須從人性的底層談起了。每一個人都有孤獨、寂寞的時候，換言之，就是真正面對自我的時候。而通常在一個人面對真正的自我時，可能湧現 2 種面貌：一是自我內心深處的覺照，照見平時不為人知及己知的一面，此種經驗可謂「自覺」；另一就是類似神蹟般的天啟，彷佛與整個天地萬物相合在一起，這種經驗可稱之為「神啟」。而這兩種經驗在某種程度上極為相似，故而如上所言，心靈與宗教常常被混為一談。我想這原因大概出自於兩者之間存在一種極大的共通特性——孤獨的美感。

第三節　孤獨的美德

在前一章中，我們已經大量談過孤獨的意義，但本章更要進一步地談孤獨的美感，因為惟有美感才能彰顯出孤獨的終極意義。正如彼得．法朗士 (Peter France) 在《隱士：透視孤獨》(*Hermits: the insights of solitude*) 書中認為：人對孤獨的渴望，就像人類的歷史一樣古老。與其生活在孤獨中，而懷有一顆人群的心靈，倒不如生活在人群中，而懷有一顆孤獨的心靈。所以菲力浦．科克在《孤獨》一書中，從哲學的角度來探索這一人生無可逃避的宿命，而認為孤獨的本質乃是一種美德。[28]

或許已經有很多人曾談及孤獨的好處了，而最常被人們讚頌的好處，大概就是指孤獨能為那些在社會生活中飽受折騰蹂躪的人提供一處療傷止痛之所，由此之故，梭羅才會稱孤獨為「靈魂的藥方」吧！但是，太過強調孤獨的療癒功能，是否反而貶抑了孤獨真正的價值？縱使孤獨果真具有神奇的心靈療效，是否也是來自孤獨本身的特質？那些不斷被人們所稱頌的心靈療效，是否僅是孤獨的外在表象作用而已？顯然，對於孤

28 菲力浦．科克認為孤獨至少具有5項德性：自由、回歸自我、契入自然、反省態度、創造性等。最後更提出：孤獨仍需因人際之交會而得以圓滿。

> **與其生活在孤獨中，而懷有一顆人群的心靈，倒不如生活在人群中，而懷有一顆孤獨的心靈。**

獨所帶來的療傷作用，我們不得不去思考一種可能性：即有一些人選擇過孤獨的生活以求得心靈上的平靜與社會生活的療癒，會不會只是逃避現實的鴕鳥心態而已呢？因此，我們必須嚴肅面對與討論孤獨真正的美德究竟為何，不能僅僅用心靈療效一語帶過即可。以下就有一些學者對孤獨的美德提出幾項可能的說法：

首先，孤獨最被人所頌揚的一項特質，就是它所帶來的自由，例如：梭羅就曾在《湖濱散記》中說道：「我以一種奇怪的自由在自然中來去自如。」他所標誌的正是獨居於華爾騰湖畔的孤獨歲月。再例如：英國作家哈茲里特 (William Hazlitt, 1778-1830) 就非常喜歡一個人散步，主要就是因為獨自散步會讓他覺得自由：

> 〔在獨自的散步中〕，人有自由——完全的自由——按他喜歡的方式思考、感覺和動作。……我寧看到我腦海裡那

些模糊的想法像被風吹落薊花一樣自由飄動，而不願看到它們被固著在談話的荊棘上。[29]

在孤獨的情境下，人擁有了完全的自由，隨著自己獨特的步調與節奏，走自己的道路，即使是隨興任意地漫步而行，都勝過被罣礙的心牽著鼻子走。這是因為當我們在與他人相處時，無論對方是多麼友善或體諒的人，都難免會對我們有所要求，要求我們留心聽他講話、要求我們關心他所關心的事、甚至要求我們走路時配合他的步伐……。即使對方不要求，但是我們也很難不去設身處地為對方著想，著想我們是否不夠用心傾聽他的話語、著想我們是否不夠關心他所關心的事、甚至著想我們是否該配合他的步伐走路……。換言之，只要有他人的涉入（即非孤獨的狀態），那麼我們就總是需要保持警覺、保持敏銳、保持自律，在此情境之下，我們又如何能讓我們的心獲得完全的自由呢？對此微妙纏繞的複雜人際互動，蘇格蘭心理醫生萊因 (Ronald David Laing, 1927-1989) 曾有一段非常傳神的描述：

他們不開心。

29 參見 Hazlitt, *Table Talk*, p.251. 轉引自《孤獨》，頁 144。

要是他們不開心，我也不會開心。
要是我能讓他們覺得開心，那我就能跟他們一起開心了。
但要想辦法讓他們開心可是一件苦差，只會讓我覺得更不開心。
也許，我可以藉著找出他們為什麼不開心而讓他們開心。
算了，我大概不會因為知道了他們為什麼不開心而感到開心的。[30]

人際關係真的是一門值得深思且繁複無比的領域啊，無怪乎千百年來的人們均為之所苦，也由此而知孤獨所帶來的自由是多麼令人嚮往。但是，孤獨的自由感又是從何而來的呢？這就涉及到孤獨的第二項美德了——回歸自我。

試想，為什麼和他人的相處會導致自我存在感的破碎和流失呢？答案恐怕跟人的不安全感有關。在他人面前，我們總是會自覺或不自覺地啟動防衛機制，這樣的防線有時是為了防衛敵對者或批評者的攻

> **“要想辦法讓他們開心可是一件苦差，只會讓我覺得更不開心。”**

30 參見 Laing, *Knots*, p.2. 轉引自《孤獨》，頁 146。

擊，有時是為了保護某些我們覺得至關重要的自我形象，甚至有時又僅僅只是為了面子問題⋯⋯。在這樣層層疊疊的防線之下，人的自我早已被捆綁得無法自由呼吸了！於是乎，只有在孤獨中，在他人不涉入的狀態下，自我感到絕對安全的時候，人們才會解除一切防衛機制。因為在孤獨中，你可以放縱自己的喜怒哀樂，你的這些情緒變化並不會妨礙任何人或對任何人造成危害，即使你是個充滿矛盾、衝突的人，在孤獨中你也完全無須迴避自己的矛盾、衝突，因為根本沒有誰要你在他面前裝出一副前後一致或有條有理的模樣。

當一個人在不受他人涉入的情況下開始認識真正的自我時，他的內心將會慢慢滋長出圓滿的感覺，法國哲學家盧梭 (Jean-Jacques Rousseau, 1712-1778) 在他的《一個孤獨漫遊者的沉思》(*Les reveries du promeneur solitaire*) 裡形容過這種感覺：

> 靈魂在找到一塊堅實的基石以後，就會完完全全地躺臥下來，並把自己的整個存在都匯聚在一起，既不回憶過去，也不瞻望未來。時間對它來說已不復存在。沒有過去，也沒有未來，只有現在。但這個現在既不呈現出持續性，也

不呈現出變化性。處在這種狀態下的靈魂，也沒有任何的感受可言——沒有快樂，也沒有痛苦，沒有渴望，也沒有恐懼。它惟一感受到的事情只有自己的存在，而單單這一種感受，已足以使它覺得被充滿。只要是處在這種狀態中的人，我們都可以稱他為幸福的。這種幸福，不是那種我們在日常生活中所經歷的、相對意義下的幸福，而是一種圓滿無缺的幸福，在其中的人，會感到自身上的每一個縫隙，都被它所充滿。……在這種狀態下的人，令他感到如此欣喜的東西到底是什麼？不外就是對自我的體驗。[31]

由此而知，在孤獨中一個人會發現自己和自然世界發生異乎尋常的關聯性。他會發現，他的感官變得更加敏銳、更加全神貫注、更加充滿激情。有時候，人的心神是如此的投注在自然界的景物中，以致根本就渾然忘了喜怒哀樂這回事。例如：美國作家愛思麗 (Loren Eiseley, 1907–1977) 就曾在她一個人沿著普拉特河 (Platte River)

“在其中的人，會感到自身上的每一個縫隙，都被它所充滿。”

31 參見 Hartle, *The Modern Self in Ronssean's Confessions*, p.150. 轉引自《孤獨》，頁 154。

旅行時記載了一段她當時的經歷：

> 我靜靜地站在水中，感受沙在腳趾上的流動。……我向後躺，浮在水面上，面朝天，離岸蹬去。
> 天空在我頭上旋轉。有一陣子，當我游入主河道，我感覺我身邊的陸地仿如人的側臉，感覺自己正沿著這張大側臉往下。……大地與我一起流淌；透過水中翻滾的沙粒，大地往我口中傳遞它的氣息。
> 我游過遠古的河床，向大型爬蟲類曾嘻戲的所在奮進；我蛻下時間的容顏，傍著白雲繚繞的山群進入遺忘。
> 我時而在灼熱的陽光下滾滾流動，時而從陰涼的草叢中緩緩滲出……我就是水……。[32]

這就是孤獨的第三項美德——契入自然。根據科克的說法，他認為所謂「契入自然」，其實可以表現在 3 個不同的方面：(一)高度清澈、專注、敏銳的觀察力；(二)象徵化的觀物方式，把自然界的事物感知或象徵為與自己相關的事物；(三)自我與自然兩者間的藩籬消失，不但會覺得自己融入了自然之中，也會覺得自然融入了自己之中。這三者都是因著孤獨而契入自

32 參見 Eiseley, *The Immense Journey*, pp.19-20. 轉引自《孤獨》，頁 160。

然所獲致的奇特現象。[33] 梭羅就曾提及這項自然與自我的相即相契的奇妙經歷：

> 我瞪著一對在盤旋翱翔的牡鷹，……彷如牠們是我思想的化身；
> 我神移於赤楊和白楊的款款擺動中，幾乎喘不氣過來；
> 讓我打幾個比方，或可使你對我的周遭有一些概念。我並不比湖中笑得那麼響的潛鳥寂寞，不比湖本身寂寞。[34]

梭羅聆聽自然的訴說，並把它的訴說傳達出來。梭羅的這種能力來自孤獨，來自孤獨所惠予他的象徵之眼。其實，只要我們放開胸懷，徜徉在孤獨的懷抱中，則我們又何嘗沒有象徵之眼以透視自然之美呢？還記得大學時期曾隨朋友登大雪山，當夜幕低垂，一個人靜靜地站立在山頂之巔，環看整個夜幕所投射滿天繁星，那分動人心魄的美感直逼眼前，炫目得幾乎令我為之窒息；也記得曾經在群山環抱的山谷

“把遙遠的聚到可見的近前來，把近前的退到廣大的遙遠去。”

33 參見《孤獨》，頁 160-161。
34 同註 6，頁 167。

中溪釣，凝視流過石頭的滾滾溪水時，內心莫名湧起一股逝者如斯的感慨而驚覺時間的流逝；我也不會忘記曾在茂盛濃密的竹林間漫步，抬頭仰望竹林奮力向上伸展的葉梢，隨著林間的微風，在天際線上勾畫出搖曳的姿態。當然，我並沒有梭羅那樣的生花妙筆，所以我沒辦法把那些曾經感動我至深且鉅的自然畫面，用文字拼貼出來傳達給他人。於是，那些豐富而生動的意象逐漸變得零碎而模糊，只留下我滿腔的暖意與美感，在記憶裡！

在這樣的回憶中，孤獨將帶來它的第四項美德——反省的態度。因為，回憶可以把過去的經歷匯聚到一個人的心靈之眼前面來，從而為現在提供了可資反省的來龍去脈。用美國當代哲學家卜比 (Henry Bugbee, 1915-1999) 的話來說，就是「把遙遠的聚到可見的近前來，把近前的退到廣大的遙遠去」。[35] 面對孤獨，人將無所遁逃於天地之間，因為他所真正面對的就是他自己，不管他是否願意，他都必須誠實地將自己的內心完全展開於自己面前。當然，他也可能藉由獨處的機會，逃避世間所有的紛擾，或是藉由阿 Q 式的精神勝利法，讓自己遁逃進一個更為封閉的自我假想世界裡。但是莫忘了，這樣的獨處或阿

35 參見 Bugbee, “Loneliness, Solitude, and the Twofold Way in Which Concern Seems to be Claimed”, 載於 *Humanitas 10*, no.3, p.317. 轉引自《孤獨》，頁 175。

Q，只不過是一種孤獨的假象，它並不是真正的孤獨，因為在這個虛構的自我封閉世界裡，到處都是他人的投射與涉入。所以，在不涉入他人存在的真正孤獨裡，我們只能面對自己，因此我們將看到真正的自己，不管這個自己是多麼脆弱、悲傷、卑鄙、或惡劣，我們都只能誠實以對，這也正是孤獨惠予我們的第四個禮物——反省的態度。

當一個人愈是真誠地面對自己而反省得愈多，他就愈接近是一個思想家（或稱之為哲學家），而當一個人所反省的內容，不再只是關注自己，而是試圖超越自己的思想極限時，他的反省將會關聯到整個自然、宇宙、甚至是更為形而上的思想世界，那麼，我想他就是最嚴格意義下的思想家（或哲學家）了吧！此時此刻，他將不再受羈絆於世俗間所有的外在限制，而能開創出無限的可能性，這也是孤獨的第五項美德——創造性。誠如，德國詩人里爾克 (Rainer Maria Rilke, 1875-1926) 曾給青年詩人的建議：

> **在不涉入他人存在的真正孤獨裡，我們只能面對自己，因此將看到真正的自己。**

> 你所需要的不外是孤獨，巨大的孤獨。在自己裡面獨自散步幾個小時，別跟任何人碰面——這是你非要做到不可的事情。你要學會像個小孩一樣孤獨。小孩子看大人整天忙東忙西，忙一些所謂重要的大事，但卻完全不明白，他們究竟在忙些什麼。有朝一日，當你發現，人們在忙的，不外是些可憐的蠢事，當你發現，他們的工作都是一些奄奄一息、跟生命了無關係的事情時，你何不像個小孩一樣，從你內在世界的深處、從你自己那廣袤的孤獨天地裡望出去，把它們看成是與己無關的事情。[36]

何以如此？孤獨如何得以變成創作的原力？科克認為：自由讓我們可以去從事創造，而自由的想像力，更是創造的必要媒介；回歸自我讓我們可以接收到內心的創造呼喚；契入自然讓我們可以在物質材料上預見我們創造作品的輪廓；而反省的態度則可以讓我們把構成新作品的各項分散的元素匯聚到思維裡面去。只有當我們把前四德發揮到極致，創造性才能發揮到極致。[37]

---

36 轉引自 Parkinson, *Loneliess of the Poet*，載於 Hartog 等編的 *The Anatomy of Loneliness*, p.468。
37 參見《孤獨》，頁 182。

第四節　孤獨是智慧之鑰

透過上述的說明，我們約略可以領悟到「何以孤獨是一種美德？」，因為當一個人單獨處在孤獨的狀態，且深刻地體會、感受到孤獨時，自己的心靈才真正地自由了。惟有當一個人的心靈自由時，才能真正感受到平常聽不到的聲音，以往沒注意到的事物在此時都會被你所發覺。此時的自己，在孤獨中找到了自己，才能體會到：萬物之存在也如自己一般，而自己也在萬物之中。換言之，即與天地同在。這樣的孤獨也正是莊子「獨與天地精神往來，而不敖倪於萬物」（《莊子．天下第三十三》）所說的境界，亦即當個人精神能自由解放的同時，才可能與宇宙萬物同理。但是在現實生活中，人事物無一不互相對立、互相牽連、互相困擾，如何才能達到「自我的完全解放」？於是莊子提出「忘」與「化」的觀念，以說明由虛靜之心所達到效驗：在「忘」與「化」的效驗之上，自然能獨，亦自然能得到絕對的自由（徐復觀，1969），這也就是莊子所說的：

> 若一志，無聽之以耳而聽之以心，無聽之以心而聽之以氣！聽止於耳，心止於符。氣也者，虛而待物者也。惟道集虛。虛者，心之齋也。（《莊子．人間世第四》）

意思即：只要到達空明的心境，道理自然會與我們相合。至於視、聽、食、息等感官，若無用心，有時反而會阻礙或誤導我們判斷。所以這個空明的境界（虛）就是「心齋」。一旦達此境界，我們就會發覺天、人、物、我合而為一，人從孤獨的自我覺察中經驗到神啟的力量。也因此，許多宗教發源常常是透過創教者孤獨地在荒野中證道而來，例如：佛教的釋尊在菩提樹下的悟道，或如耶穌在荒野中與天父的對話。

孤獨至斯，與天地相合，甚至神而明之，美感於是自然充塞於心中。由此而知，美在莊子哲學中具有非常核心的地位，正如莊子在〈知北遊〉中所說：

> 天地有大美而不言，四時有明法而不議，萬物有成理而不說。聖人者，原天地之美而達萬物之理。

> 許多宗教發源常常是透過創教者孤獨地在荒野中證道而來。

莊子認為聖人要能「原天地之美」，始能「達萬物之理」，可見美對於莊子而言，實在就是智慧之鑰。不過，對於美的一切論說終須受到解構，這是因為天地有大美而不言，是以任何關於美的言論皆無法相稱於天地大美。天地之美雖然真實無妄，但卻是不可言喻的。惟有透過對於自然之美的心領神會，人始得以達致真理，而真理即是道在萬物中之開顯。

何以如此呢？那就是本章一再強調的「孤獨」。因為美其實就是自由與解脫的歷程，而在此歷程中惟一與我們相伴的只有孤獨，在孤獨所帶來自由的同時，亦能使其它事物在不受到我的志趣控制的情況下展現其本質，亦即康德所謂的「超然」(Disinterestedness)，藉此欣賞者能純化自己的意向，以致能在「純粹觀賞」之時，讓某一對象顯示其自身的形式。莊子的美感態度雖然與此相近，但是他所謂的採取距離，獲取自由，並不只是一種淨化意向的方式，而是一種提昇存在的步驟；他亦非對某種美感對象之形式的純粹觀賞，卻是任道自身與萬物之德自行開顯。為了要能原天地之美，人必須提昇自己的存在到最高程度的自由。對此，莊子在〈逍遙遊〉一開始便藉由鯤化為鵬的意象，將生命的存在推向於無窮的想像：

> 北冥有魚，其名為鯤，鯤之大，不知其幾千里也。化而為鳥，其名為鵬，鵬之背，不知其幾千里也。怒而飛，其翼若垂天之雲。

此寓言將人的生命視若鯤魚。魚乃水中之自由者，而鯤本為小魚，莊子卻說鯤之大不知幾千里也，以喻生命可藉創造力之發揮與想像力之轉化，由小向大；其次化而為鳥，其名為鵬，鵬乃風中之自由者。由鯤化鵬，其間有種類與層次的轉換，生命不但可以由小而大，且可由下而上。所謂「怒而飛」、「摶扶搖而上者九萬里」，喻生命之由下振奮，昂揚而上。然而，無論鯤之在水中的自由，或鵬之在風中的自由，皆是有條件之自由，皆需水與風之積蓄厚養，所以莊子又說：「且夫水之積也不厚，則其負大舟也無力……風之積也不厚，則其負大翼也無力。」但是，莊子所累積的則是自由的條件，認為人的生命終究必須超越一切有條件的自由，達到無待的自由，也就是達到「若夫乘天地之正，而御六氣之辯，以遊無窮者，彼且惡乎待哉」的境界。

> **你要學會像個小孩一樣孤獨。**

透過鯤化為鵬的寓言，莊子所欲傳達的哲學訊息正是生命獲取自由的訊息。人的生命乃一生而自由的存在，可由小變大，提昇境界，振奮向上，歷經累積，改變方向，最後冥合於道，達到無待的自由。從美學層面而言，不斷變化、不斷超越、因而也不斷有美感湧現。對莊子而言，自我解放與自由，一方面須超越俗世，一方面須融合於道，如此方能原天地之美，以達萬物之理。超越俗世，採取距離並非超絕於世，卻要經由與道融合，返回世界的本質之中，在此境界之中始得興起莊子所謂的「天地之大美」。為達致天地的大美，人的精神尚須歷經蛻變，有如鯤鵬寓言所示。此一蛻變的最終結果就是在無限之道中的完整自由，此一情狀，莊子稱之為「物化」，實為人與自然在道中交融的狀態。在〈齊物論〉中「莊周夢蝶」的寓言最生動地表現出此一理想狀態：

> 昔者莊周夢為蝴蝶，栩栩然蝴蝶也，自喻適志與。不知周也。俄然覺，則蘧蘧然周也。不知周之夢為蝴蝶與，蝴蝶之夢為周與？

在〈逍遙遊〉中，由鯤化鵬意味著由在水中之自由提昇至空中之自由。而在〈齊物論〉中，莊周化為蝴蝶，或蝴蝶化為莊周，則意味著人與自然合而為一，消融了人與自然的一切差異與區別。就物我有分而言：「不知周之夢為蝴蝶與，蝴蝶之夢為周與？」莊周夢蝴蝶之形象具體化了莊子所謂「道通為一」。在此時，有分亦可，不分亦可；莊周可為蝴蝶，亦可不為蝴蝶；蝴蝶可以為莊周，亦可不為莊周，此亦「兩行」、「喪我」之旨的生活化。

> **“人們是否真的具備了面對孤獨的勇氣呢？”**

第五節　崇高與大美

值得注意的是，莊子以為的「大美」在於人與自然無限交融的精神至境，而非面對無限的敬畏之情。莊子的美感所由來，並非如康德口中的「崇高」(Sublime) 之意，因為力量是崇高的源頭，崇高的事物，無一不是力量的某種變形。

在此，我們先行對崇高的意涵稍作說明。常見的崇高感是怎麼產生的呢？例如：度量的巨大是崇高的一個很重要的原因，這種範圍可以是長度、高度或深度；再例如：宏偉也是崇高的根源，輝煌或有價值的事物是宏偉的；甚至，極端的渺小也是崇高的一個原因，因為當人們苦心研究極小但仍有組織的機能時，無法憑感官進行細微的探究，此時因感官不起作用，連想像也不可能，人們就會對細微產生的奇觀感到驚異與惶惑，無法區分極小與巨大產生的效果；當然，人們對於無限更會有某種令人愉快的恐懼的傾向……。這些，都是崇高所賴以為據的力量源頭。

不僅如此，就連我們的感官知覺（如：視覺或聽覺）也會時常帶領我們進入崇高之境，如：滂沱的大雨、狂怒的風暴、雷電或炮擊的轟然巨響，這類聲音的力量也能引起心中的恐懼感。這些強大力度的聲音的突然開始或突然停止有相同的功力促使感官驚覺。光的闇弱和聲的寂滅也能產生崇高感。光的闇弱包括朦朧、黑暗等；聲的寂滅包括寂靜、荒涼等。這兩方面因素有時被分開論說，有時被混合論說。黑暗比光明更能產生崇高觀念。而為了使事物顯得很可怕，一般說來，模糊似乎很必要。這種崇高是因為事物可怕得捉摸不定。突變和斷續也促成崇高感。突變包括光亮忽明忽暗和聲響突起突止。斷續包括光亮時有時無和聲響時斷時續。聲音的突然開始、突然中止或時斷時續，光亮的時有時無都能引起崇高感，甚至更有效力。光明與黑暗之間的快速轉變也能引起崇高感，從光明到黑暗或從黑暗到光明的快速轉變具有一種更大的效力。

雷神的創造過程就頗能說明這一點。試想，在遠古的時候，突然某一天，高空令人驚懼地翻轉著巨雷，閃耀著疾閃，於是少數具有敏銳觀察力的人感到恐懼和驚慌，舉目仰視，陡然發覺頭上的天空變化，人心的本性使人把自己的本性移加到那種效果上去，把天空想像為像自己一樣有生氣的巨大軀體，最初的神學詩人們就是以這種方式創造了第一個神的神話故事。這個神的身上彙集了原始人有關力量表現者的所有特徵。無怪乎在人類的神學體系中，上帝或神祇的出現總是伴隨著崇高與力量的展現，而使得人們油然興起敬畏的美感。

上述的崇高美感係出自於感性與概念的差距，是人面對無限而自覺渺小時所油然而生的敬畏之感，但對於莊子而言，面對無限而自覺渺小並不足以產生存有學層次上的美感，反而是當精神融入無限之中，逍遙無憂地遊戲其中，人與自然之間再無任何差距，才是真正體現「大美」的境界，如同德國文學家席勒 (Johann Christoph Friedrich von Schiller, 1759-1805) 在《審美教育書簡》(*Über die Ästhetische Erziehung des Menschen*) 中所說：

> 人在遊戲中才能真正自由而完整，人也只有自由而完整時才會遊戲。

在自由中，人完全徜徉於遊戲的美感之中，也由於沉浸在遊戲的美感裡，人得以完全的自由。所以莊子將「逍遙」與「遊」

合起來便成「逍遙遊」這一個複合概念，表示人生活在與「道」為一的精神自由的境界中。就莊子的整個逍遙思想來看，在追求這種精神自由的終極理想中，人的努力可以就兩個方向發展開來：其一是向著代表著精神世界最高價值的「道」作根源的探索，以至於最後在精神上與「道」完全合而為一；另一就是對當前的現實環境持批判的眼光，要在生活上超越和克服它的種種限制，不管這些限制是自然的、社會的抑是自我的。因此，「物化」實是「逍遙遊」的最高境界，在「物化」中，人與萬物基於完全等同的關係，因而可互相置換、互相取代而無介懷，甚至可完全不覺得此種置換或取代的出現。故「物化」是莊子終極關懷的焦點，它表示人的體道與逍遙遊的境界，順自然而行，徹底融和於自然萬物之中。

再以魏晉名士稽康〈聲無哀樂論〉為例，他認為音樂本身並無喜樂與哀愁之分，而是人的主觀意識賦予音樂喜樂哀怒等各種情緒意義，例如：有些被認為應當是哀傷的音樂，在某些人聽來卻是充滿喜樂的感受，反之亦然，故而樂聲本身並無情緒，是人的情緒對音樂作了各種不同的詮釋，才產生了音樂的生命。稽康此論，實符合了中國將「人」的主體性提高至與自

> **音樂本身具有哀樂等各項屬性，否則哀傷或喜樂的音樂如何能引起世人普遍認同？**

然、本體、客體相同位階（甚至是凌駕）的傳統精神，即音樂（客體）本身無意義，須由人（主體）賦予詮釋意義。

不過，這樣提高人的地位的結果，是否為「以人為中心」的自大或迷信呢？因為主體、客體雖同為本體論之內容，但二者之界定與劃分卻非有絕對標準，且二者皆同屬於自然、存在於自然，其位階不可能超過自然。對此疑問，我想若能從相對於主體本身的角度觀之，我們又可以將其位階等同於自然，這是因為對主體自身而論，其自覺的意識與參考點，均具有極高的優先性，但又不可能超過自然，故而只能等同於自然。因此，我想音樂本身是具有哀樂等各項屬性的吧，否則哀傷或喜樂的音樂如何常常引起世人普遍認同？但是還有必須辨析的是：一、哀樂等情緒屬性必須有主體承載才能彰顯，故而若無主體，則音樂之哀樂屬性無從呈現而為無意義狀態，但我必須強調的是，呈現為無意義狀態並不代表它是不存在；二是主體本身的哀樂情緒必須高於客體之情緒屬性，這是因為主體乃情緒的承載者與彰顯者。綜此，當主體處於放鬆的狀態下，音樂本身的情緒屬性可以透過主體而呈現；但當主體處於自覺的狀態時，則喜怒哀樂等各種情緒，是由主體與客體交互作用之後的呈現，甚或是主體賦予客體的詮釋意義。在此境地之下，人與天地萬有融合為一，不再有主客體之分，也不再有小我與大我之隔，天地之大美自然蘊藉其中一切來自於孤獨之美——獨與天地精神相往來！

第六節　孤獨之美的實際體會

以我為例，曾有一次非常有趣的森林漫步經驗，或許可供讀者參酌吧。那是幾年前尚未完成二期工程前的南華大學，校園裡有一整座的森林，當時的我一直想找個機會去探探這座耳聞已久的森林，但總是抽不出空來——其實說沒有空去探訪也不盡然，應該說是一直沒有契機吧，就像許多南華的師生所說的：她就在那裡，想什麼時候去都可以，何必急在一時呢！或許就是因為這個原因吧，南華還有許多老師與同學不曾到訪過這座森林。終於，在一個初秋的黃昏，我從一個遠望者變成了一個訪客。沒有理由，也沒有任何跡象，就在我從研究室走向宿舍的路上，偶然地轉頭一瞥她的風采，我竟不自主地慢慢向她走近。於是，我終於走進了這座吸引我已久的森林。

走進森林，放眼望去，盡是一片深不見底的樹林，不聞人聲，只聽到鳥叫聲此起彼落，彷彿是對我這個遠來客人的歡迎，但也似抗議我打擾了牠們的寧靜。一抬頭，看見幾道陽光從樹梢的空隙中灑洩入森林的最深處，在光線之間，氤氳的山氣瀰漫其中，美得有如天境一般，而那一株株矗立參天的古樹，就像記錄著森林百年來的變化。走累了，坐在一棵傾倒的樹幹上，深深地吸一口氣，吐納著森林特有的芬多精，那清涼沁人的感覺，從我的鼻、口、胸、肺，傳到全身，彷彿連腦筋也鮮活了起來。眼睛亮了、耳朵也豎了起來、全身毛孔也都張開了，

“風的聲音，是真正的風聲，不是吹動樹葉的林濤聲、也不是鼓動衣袖的拍打聲，而是呼呼地低吟，就像是整座森林的呼吸一般。”

但我不敢把這分感覺釋放出來，我怕一張口就破壞了森林的安靜與乾淨，只是靜靜地、漸漸地，把我也溶入這片森林的圖畫中，享受著這分沁人心脾的靜謐，享受著這灑落滿地的陽光，也享受著這一大片婆娑的樹影。

再向森林深處走去，一個小水坑出現在我面前，應該是昨天那一場午后雷雨的傑作吧。我靜靜地看著那一窪碧綠的水色，倒映著墨綠的樹影與湛藍的天空，在這平靜無波的水面上，我看到了山、看到了樹、看見了天空、也看見了我自己。一陣微風襲來，在鏡面也似的水面上，吹出一層層淡淡的皺紋，只見山、樹、天空和我，充分揉和、完全溶入那神祕的池水中。這時，天地之間似乎更靜謐了，只聽得風的聲音，是真正的風聲，不是吹動樹葉的林濤聲、也不是鼓動我衣袖的拍打聲，而是呼呼地低吟，就像是整座森林的呼吸一般。我佇立在水窪邊，閉起雙眼，用身體所有的毛孔來感覺，體會這呼吸的韻律，漸漸地，我的呼吸與森林的呼吸溶在一起，再也分不清是我口鼻胸臆之間的脈動，

> **一念之轉，孤獨便不再是孤獨，而僅僅是獨處，甚至變成了寂寞。**

還是迴盪在森林深處的靈秀氣息！

這樣奇特的經驗，讓我完全感受到孤獨真的是一種美德。但是，面對孤獨，人真的能誠實地面對孤獨嗎？本書一開始我就提到寂寞、獨處與孤獨的不同面相，我們知道三者之間的差距極微，一念之轉，孤獨便不再是孤獨，而僅僅是獨處，甚至變成了寂寞。因此，在真正進入孤獨之前，人們必須面對孤獨所帶來的各項試煉——彷徨、猶豫、驚恐、無奈、怖懼、無知……等等，正如釋尊證道前的種種幻象、或如耶穌悟道前魔鬼的誘惑一樣。所以我們要問的是：人們是否真的具備了面對孤獨的勇氣呢？

第七節　面對生命困頓的勇氣

面對孤獨的勇氣其實就是面對生命的勇氣，因為在孤獨中我們必須面對真正的自己，直視自己生命的底層，而生命卻充滿各種不可預知的未來。誠如田立克所說的：「勇氣」即是真正面對未知的焦慮和恐懼，而存在的來源，必須是真正的面對非存在的焦慮和恐懼的那種勇氣，這才是「存在的勇氣」。

何謂「存在的勇氣」？各種形式的存在勇氣都具有啟示性質。這種勇氣啟示存在的本性，顯示存在所具有的自我肯定是克服了否定性的肯定。若用隱喻性陳述來表達的話，我們可以這樣說：存在包括了「非存在」。但「非存在」並不占有優勢。一般而言，「非存在」帶來了相信有神存在的動力，因為非存在——使上帝的自我肯定帶有能動性——打破了神的自我孤立，使之作為力和愛而顯露出來，非存在使上帝成為活的上帝。如果在祂自身和祂的造物身上沒有祂必須克服的否定，神聖的肯定對祂也就是沒有生命的東西。那樣，就既沒有對於存在的根基的顯露，也沒有了生命力的展現。因此，神的自我肯定是這樣的力量，它使有限存在——存在的勇氣——的自我肯定成為可能。只是因為存在本身具有不顧非存在威脅而自我肯定的性質，勇氣才成為可能。但其中的勇氣卻啟示出真正的存在，因為啟示出存在的本性的，不是論辯而是存在的勇氣。換言之，神之所以有神聖性，乃因其有否定的那一面，而神聖性是因為克服了對立面，故產生神聖性，亦是所謂存在的勇氣。

勇氣具有顯露的力量，存在的勇氣是理解存在本身的鑰匙。一個不具有勇氣、不願意去面對因存在而產生非存在環境的挫折之人，是無法彰顯自身之存在的。勇氣是一種冒險，不會被外在世界湮沒的原因，在於它願意去面對非存在。勇氣為何是一種冒險？乃因它具有未知性與挑戰性。由此可知，存在的勇氣的本源是「超越上帝的上帝」，這是我們要求超越有神論必然會得出的結論。[38]只有在有神論的上帝被超越後，對懷疑和無意義的焦慮才可能被納入存在的勇氣。超越上帝的上帝是一切神祕渴求的對象，但要達到這個上帝，連神祕主義也必須被超越。絕對信仰，或者說被超越上帝的上帝所攫住的存在狀態，並不是與其他精神狀態並肩而立的狀態。它絕不是某種分離、確定之物，絕不是可被孤立出來加以描繪的一件東西。因此，當某些傳統的象徵（這些象徵使人能夠承受命運的無常和死亡的恐怖）已失去力量時，人就能在對命運和死亡的

> **存在的勇氣的本源是「超越上帝的上帝」。**

38 此處「超越上帝的上帝」一語，其中的第一個「上帝」，係指有神論的上帝，顯示奇蹟但卻仍需要被超越；第二個「上帝」則是指打從內心出發所產生的絕對信仰；一切勇氣的來源，也正是我們需要超越上帝的「上帝」。因此，所謂「絕對信仰」乃為超越上帝的上帝之代名詞。我們不應該因為其能治療、有奇蹟才去信仰祂，而是應打從內心深處出發而信仰。

焦慮中意識到超越上帝的上帝。當「神的判決」被解釋為心理的情結，當神的寬恕被解釋為「父親意象」的殘餘表現時，那些象徵中曾有過的力量依然能夠存在並產生出存在的勇氣，而不顧對我們之「所是」與我們之「應是」這兩者間的巨大懸殊的體驗。

由上述的探討，田立克認為：我們之所是（我們現在的樣子）與我們之應是（我們應該要有的樣子）之懸殊差異，就是我們面對恐懼和焦慮的勇氣，亦即存在面對非存在的勇氣。此時，路德 (Martin Luther) 式的勇氣又出現了，但這種勇氣卻得不到那種認為上帝既審判又寬恕的信仰的支持，它是按照絕對信仰而被重視的，儘管它並無戰勝罪過的特殊力量。敢於自己承擔起對無意義的焦慮的勇氣，正是存在的勇氣所能達到的邊界。在這邊界的範圍內，所有形式的存在的勇氣都在有神論的超越上帝的上帝的力量中得到重建。正如田立克所說的：存在的勇氣植根於這樣一個上帝之中：這個上帝之所以出現，是因為在對懷疑的焦慮中，上帝已經消失了。

> **真實的人生要透過怖慄感、死亡之預想及良心罪惡之體驗，並發決心以投射出人生之內在的真可能乃可顯出。**

本章從孤獨談起，因為它觸動人最深層的心靈，而這樣的心靈又是緊緊與人類文明中的宗教活動相連。但是，一般人極少真正去思考這樣的議題，除非他面臨著人生重要的困頓，而人類生命中最大的困頓莫過於面對死亡了。海德格爾就說：「人生是一向死的歷程。」海德格爾整個人生哲學，即在說明人生是一被拋擲到世間者，通常人在日常生活之人生都是不真實的人生，真實的人生要透過「怖慄感」、「死亡之預想」及「良心罪惡之體驗」，並「發決心」以投射出人生之內在的真可能乃可顯出。故在真實的人生中，可見人生之時間性、歷史性。因此，當我們面對死亡時，我們是否曾思考過：我這一生的獨特性在哪裡？或者，我如何彰顯我之存在？德國文學家赫曼．赫塞 (Hermann Hesse, 1877-1962) 在其重要名著《流浪者之歌》(*Siddhartha*) 中，藉由主角悉達多 (Siddhartha) 求道的過程，反映出潛藏世人內心的各種不安、迷惑、莫名蠢動，以坦白、不假修飾的真誠頻率，帶領讀者以平和、不執妄的喜悅心，臻至追求真我性靈的豐美與滿足的境地，書中以一條河貫穿所有的記憶，所有的人、事、物、景都淡入了心靈深處。那麼，串連我們一生的生命主軸究竟為何？貫穿我們生命的長河是什麼？它又將帶領您流向何處？我想這大概就是孤獨者永恆的鄉愁吧！

"

人在遊戲中才能真正自由而完整，
人也只有自由而完整時才會遊戲。

"

第二篇

咖啡的
他者哲思

The Philosophy of Coffee: The Other

2.

第三章

在咖啡中
棄絕自身

第四章

在自我的解消中
看見他者

第三章

在咖啡中棄絕自身

孤獨似乎不斷地被哲學家和文學家們歌頌，但事實真的是如此嗎？曾經在腳踏車咖啡行動計畫中，有時我騎著這輛載滿咖啡器具的腳踏車，任意漫行在臺南府城的古都街道裡；有時我又將腳踏車停駐在某些人來人往的定點，隨意地漫看過往的行人與遊客，在這樣看似愜意的城市流浪中，其實我多數的時間都是在跟自己對話。坦白說，當我枯坐了幾個小時後，我的內心還是非常渴望有客人能上門來，不是為了作生意，僅僅只是希望有人能與我談談話。此時的孤獨，對我而言，似乎有了另一層意涵，即面對自己內心的真正的渴望的省思。

其實在我的人生歷程中，也曾有幾次真正的獨處經驗，例如：博士論文撰寫時期，那時的我真的是徹底的一個人生活，每天睜開眼睛就是一個人生活在一層空盪盪的公寓裡，一個人吃早餐、一個人去採買日常用品、一個人再回到住所、一個人坐在電腦面前打字、一個人吃午餐、一個人洗衣服、一個人吃晚餐、一個人獨坐於深夜的書房……，與我朝夕為伴的就是整層公寓房子、電腦、遠處的青山和巴哈的〈無伴奏大提琴〉音樂。那是一種徹底的孤獨感，一種會向四面八方擴散放大的孤獨感，有時候，這種孤獨感會壓得我幾乎喘不過氣來，就像有一股巨大的漩渦正把我吸入它那虛無空洞的核心裡。通常，當這種壓力太大時，我會奪門而出到市區裡人潮多的地方晃一晃，感染一下人間煙火的滋味。當然，最多數的時刻，我還是到咖啡館裡，在咖啡的香氣中看過往的人群。

第一節　認識孤獨的生活

是前面的文學家們把孤獨太美化了嗎？還是我的道行還不夠體會真正的孤獨呢？我想都不是，答案應該是：孤獨的美感仍然必須在「關係」（例如：人際關係）中才能真正彰顯出來。如同希臘哲學家亞里斯多德在《尼可馬科倫理學》(*Nicomachean Ethics*) 一書中提到的：「一個人想要獨居，他得是個神或是隻獸。」因為他認為：人是政治的動物，天生要過共同的生活，沒有人會選擇擁有一切卻孤獨的生活。[39]

想過孤獨的生活，首先就得認幾個與孤獨相伴的名詞：寂寞、隔絕、隱私、疏離。除非我們真正了解這幾個名詞帶給我們的感受，不然，我們前先所談的孤獨之美德，無異是建立在無地基的沙灘上。

首先要談的是寂寞 (lonely)，從最基本的心理層面上來說，寂寞應該是一種情緒狀態，是由生理感受、評價判斷、欲望以及知覺模式所共同構成的複雜狀態，而且多指向於是一種不愉快的情緒狀態，因為它似乎常是產生於一種渴望與他人發生某種互動而不可得的情境。其次是隔絕 (isolated)，所謂隔絕係意謂著某物被隔離於其他物，所以，隔絕感就是人自覺被隔離於其他人時的一種心境，而且產生這種隔絕感的一個重要因素，通常都是伴隨著此隔離狀態不會輕易解除或不太可能在短時間內消失。再其次是隱私 (secret)，隱私的定義常見為：「在個人無意願的情況下，可免於社會接觸和被別人看見的自由。」而此自由又建立在一種權利感之上，因為，當一個人即使是在

39 參見 Aristotle, *Nicomachean Ethics*, book IX, ch. 9. 轉引自《孤獨》，頁 14。

自己預期之外被看到，並不一定構成隱私被侵犯的要件，除非別人所看到的，是他不想被別人看到和有權不要給別人看到的東西。最後是疏離 (alienation)，常見的疏離定義 [40] 係指：「個人實質上的或心理上的從其原歸屬的活動或社會形式中疏遠開來。」換言之，所謂的疏離，就是疏離者主動或被動地疏遠（不管那是感情或行為上的疏遠）一群人或一個團體，而這群人或這個團體，是疏離者所曾經自認為歸屬過的。

從以上所述，寂寞、隔絕、隱私和疏離等狀態，雖與孤獨有關，但在本質上又存在著迴異的意涵。以最複雜的疏離為例，儘管疏離是一種人際關係的斷裂，但疏離的意識卻仍然是一種指涉他人的意識，因為，如果你對你的同事產生疏離感的話，正代表著你注意到他們的存在，要是你沒注意到他們的存在的話，根本就不會有什麼疏離不疏離可言，所以，疏離的意識仍為一種關於他者的意識 (consciousness-of-other)。顯見，寂寞、隔絕、隱私和疏離等意識狀態無不受到他人的約制，都是一種「我中有他的意識」(consciousness of self-in-relation-to-other)。但孤獨的狀態則沒有這一層約制，它兩極都付諸闕如，「別人」的那一極固然不存在，而「我」的那一極也會悄然隱退。

---

40 疏離的定義頗為複雜，若從其英文 alienation 來看，可看出其來自拉丁文 alienatio；而 alienatio 這個名詞的意義則衍生自動詞 alienare（意為挪開、取走、使某物成為別人所有）；而 alienare 本身又源自 alienus（意為歸屬於別人）；至於 alienus 的源頭，則可追溯到 alius（意為別的、別人、別物）。

它絕非任何類型的關於他者的意識，而是一種沒有他者的意識(consciousness-without-other)。這時候，心靈會完全從別人身上脫離，而依附到其他的事物上。現在讓它全神貫注的，也許是手上的一鏟泥，也許是溪流中的漣漪，也許是一陣沉思。站在這種理解上，我們現在可以給孤獨下一個簡要的定義：孤獨，就是一種與別人無交涉的意識狀態。

因此，每當我感到上述的寂寞、隔絕、隱私和疏離時，我非常清楚地知道：這是因為我心裡還有他者的存在，並且正是由於他者在我心中所起的發酵作用，讓我深切地體會到自身的寂寞、隔絕、隱私和疏離。但是，我如何才能從這樣的心境中超脫出來，進入真正的孤獨境界呢？說真的，我並沒有答案。我只知道，每當我陷入寂寞之低潮時，我最常做的事情就是到咖啡館中泡上一整天，坐在咖啡館裡喝著咖啡這件事，讓我在心理上產生極大的安定感。何以如此？我想大概是喝咖啡這件事已經深入我的生命，它不僅完全占據了我的嗅覺、味覺，而且讓我的思緒進入一種渾然忘卻他者存在的世界——甚至這種遺忘的狀態，有幾度更延伸至忘我的境界。記得有一次，在「雨中的咖啡館」的經歷中，我似乎隱約遺世而獨立，卓然超拔於人世間一切的紛擾。

第二節　雨中的咖啡館

那是一個再平凡不過的夏日午后，陽光從落地窗灑進我的研究室內，從樹梢之間的閃動，投映入我的眼簾，使我原本注視書本的雙眼為之一亮，望向窗外的陽光與婆娑的樹影，從林間跳躍的小鳥與隨風而起舞的樹葉中，我看到了大自然的美，並深深地為這分美感所震懾。閉上雙眼，靜靜地聆聽風與樹之間的對話，一時間，從心靈深處突然泛起陣陣的悸動與波瀾，久久不能自已。就在我想著「索性放下手邊的書本，盡情地享受這夏日午后的陽光」的時候，窗外卻傳來「滴答！滴答！」的聲響，讓我再度張開雙眼，原來是一陣突如其來的雨勢滴落陣陣的雨水在窗臺上。

> **“孤獨，就是一種與別人無交涉的意識狀態。”**

這是一個多麼奇妙的午后啊！適才還陽光遍灑滿地，搖曳的樹影風姿還讓我驚嘆不已，可是就這麼一轉眼間，怎麼就下起雨來了？抬頭望著遠處飄來的一片烏雲，使陽光羞怯地隱蔽在雲後，恰巧這時收音機傳來蕭邦的〈雨滴〉，更增此情此景的淒美之感。昏暗的天空映著墨綠的樹影，隨著雨聲、鋼琴聲的唱和，我再也按捺不住內心那股想飛的衝動，輕輕帶上研究室的門，驅車悠遊在這大片田園的雨中。在大雨滂沱中，駕車行經一家位於田園中的咖啡館，在一大片田園中，沒有其他住家與店面，就只有她佇立在這雨中的田園裡。雖然車外大雨不斷，但是這樣的一家店與那一片碧綠的背景，仍深深地吸引著我。

終於，我還是停下車子，在傾盆如瀉的大雨中，匆匆地衝進了這家咖啡館。「歡迎光臨」的語聲幾被門外滂沱的雨聲所掩蓋，而我就像是一隻落水狗般，站在門邊抖落一身的雨水。選了靠窗的座位，靜靜地觀賞著店主用熟練的手法，從秤豆、研磨、到煮水，一切都顯得是那麼從容不迫。看著沸騰的水從 Siphon 的下壺逐漸上升，慢慢地浸滿濾器中的咖啡粉，攪拌幾下，等待計時鈴響，快速地移走酒精燈，用毛巾擦拭下壺，使那完全萃取出咖啡原味的汁液，從上壺中回流至下壺。觀賞整個煮咖啡的過程，真是品嚐咖啡之前的另一種享受。只見店主端起這剛煮好的咖啡走來，我用一種近乎虔敬的心接過這杯咖啡。現在，這杯咖啡就在我眼前，但我並不急著喝它，因為我知道此刻它的溫度還不適合飲用。過高的溫度只會使我的味覺遲鈍，我必須等待，等待那絕佳的飲用時機。但是，這並不代表我也必須枯坐無聊，在這等待的時光中，那陣陣若有似無的香氣，其實已然足夠彌補這短暫的等待過程。因為這濃厚無比的香氣正深入我的肺葉中，與我整個身心融於一體。說真的，喝咖啡的過程中，此刻才是最幸福的時刻，那沉鬱飽滿的咖啡香氣進入五臟六腑的心靈充實感，莫可言喻。終於，我端起了杯子，輕輕地啜著一口苦苦甘甘的咖啡汁液，只覺滿嘴的厚實感，再啜一口，汁液流經喉嚨、穿過食道、直達胃壁，這分滿足感一直是我那些不喝咖啡的朋友們所無法領略的。不知道經過了多少時間，我才意識到我身處何地，於是抬頭望向窗外的大雨，這才醒悟過來，適才那幾分鐘的時光裡，我竟完全忘了那一度讓我倉皇逃難的大雨。再喝一口咖啡，我不禁笑了起來，在這雨中的咖啡館。

第三節　雙重性的體悟

顯然，在喝咖啡的過程中，我可以感覺到一種「雙重性」。如同梭羅所說的：

> 我可以感覺到一種雙重性，由於這種雙重性，我可以站得離自己遠遠的，像跟別人的關係一樣。我的經驗不論何等強烈，我都可以感到有另一部分的我在場，並感到它的評論；這一部分的我，可以說不是我的一部分，而是一個旁觀者，只是觀察記錄我的經驗，卻不分享我的經驗；說它是我也可以，說它是你也可以。[41]

在咖啡的品嚐中開放所有感官知覺，得以開放自我的心靈，如此才能品味咖啡真正的味道：亦即主體性的消解，解放禁錮的心靈，才能看到事物的真相，才能聽到平時聽不到的聲音。在多年的教學生涯中，我常常有一種特殊的境遇：有時當全班正在熱烈地討論某一個議題時，雖然我仍身處講臺上，並且用心地聆聽每一位同學的意見，甚至還能加以講評，但是我卻常

41 同註 6，頁 98。

會有一種奇特的心理變化，就好像我的心靈跳脫出身體，懸浮在教室上空一般，俯視著全班同學及那個正在講臺上努力教學的我，構成一幅頗令我玩味的畫面。

“這一部分的我，可以說不是我的一部分，說它是我也可以，說它是你也可以。”

就是這種「雙重性」，讓我體悟到在孤獨與非孤獨之間，其實是存在著一些中間的灰色地帶，我們至少可以將這個中間灰色地帶區分為兩種不同的狀態，即「涉入的不涉入」(Engaged Disengagement) 與「不涉入的涉入」(Disengaged Engagement)。假設以全然的非孤獨（即「完全的涉入」，Pure Engagement）與全然的孤獨（即「完全的不涉入」，Pure Disengagement）作為光譜軸的兩端，那麼在這兩個極端之間，還存在著「涉入的不涉入」與「不涉入的涉入」這兩種中間地帶。

後者係緊臨「完全的不涉入」一端的「不涉入的涉入」，即在完全的孤獨中又保有部份的他者存在的可能性，這是因為雖然孤獨是一種知覺、思想、感情和行動上的不涉入狀態，但是在某些特殊的情況下，這樣的不涉入狀態，仍會有一些間接或替代性的他者涉入，常見的「睹物思人」或「擬人化」就是從物而指涉至人的情形。梭羅在《湖濱散記》中就經常把自然事物擬人化：

> 我從未有過像孤獨這樣好的良伴……
>
> ……在自然界的事中你可以找到最甜美、最溫柔、最純潔，也最令人鼓舞的社會關係……
>
> 我突然明悟到在自然界中含有甜潤的、有益身心的社會關係，就在雨聲的滴答中，就在那環繞我房子的每個聲音、每個景象中，一種無限的、無量的友善遽時像一種空氣一樣支持住我……
>
> 它是那樣清楚地讓我察覺到，即使在我們通常稱之為荒野的陰沉的地方，也有一種與我那麼親近的東西在場；讓我察覺到，跟我血緣最近、最有著人性氣息的，不是某個人或某個村民……
>
> 我並不比湖中笑得那麼響的潛鳥寂寞，不比湖本身寂寞。請問，這寂寞的湖又有什麼同伴呢？……我並不比草地上的單莖毛蕊花或蒲公英寂寞，不比一片葉子、一棵酢漿草

或一隻馬蠅或蜜蜂寂寞。[42]

顯然，孤獨者的意識在許多時候仍然會處於一種不自覺的涉入狀態。

不管是「涉入的不涉入」還是「不涉入的涉入」，其實都是說明一件事，那就是人類的意識狀態，極少是能夠完全的非孤獨或是完全的孤獨，每一個事件的凝視與關注總是免不了會被一層「底景」(containment) 所圍繞，有時候是以其他的人、事、或物所構成的「底景」以突顯自我存在的樣貌，另一些時候則可能是以自身作為「底景」以彰顯某些人、事、物的特殊意涵。因此，「底景」就像電影的背景音樂一樣，是一種我們雖然隱約意識到，卻不會去加以特別注意的事物。在大多數的情況下，我們對「底景」都是視而不見、聽而不聞的，但是我們沒有把意識的鏡頭對焦在某些人、事、或物身上，並不代表它們就不在鏡

“底景這個生命的舞臺，其實就是在自我的主體性與整個大環境的教化之間，不斷維持動態平衡的歷程。”

42 同註 6，頁 96。

頭之內，他們其實一直都在，只是在背景的位置上而已。這樣的「底景」是可以忽略、可有可無的背景而已嗎？不，根據完形心理學 (Gestalt Psychology)[43] 的看法，「底景」非但不是一種可有可無的東西，相反地，它更是影響著我們對事物的認知的關鍵所在。德國哲學家胡塞爾很喜歡使用音樂的例子來說明時間的連續性，我倒是覺得胡塞爾的音樂例子也頗能解釋「底景」的概念：旋律當然是由一個一個的音符組合而成的，但在聽音樂的時候，我們不可能在同一剎那聽到所有的音符，而只能在每一剎那聽到一個音符；但如果我們一次只能聽到一個音符的話，我們又怎麼可能聽到需要由一個以上的音符所組成的旋律呢？答案就在於，音符雖然一個一個響起以後又一個一個消失，但它們其實並沒有真正的消失，而只是成為了意識的「底景」而已。沒有這個「底景」，我們所聽到的，只可能是一個一個的音符，而不可能是一段一段的旋律。

「底景」對人的影響到底有多重要呢？我來舉一個我們生活中常見的例子說明。常常在許多重要的場合裡，我們總是能看到某些人在講述著他的一些事跡，彷彿他的生命中充滿了不平凡的經歷，連帶使得這個人也似乎跟著不平凡起來。為什麼我

43 完形心理學，又稱蓋式塔心理學。德文 Gestalt 一詞可以被用為「形成」或「形狀」的同義詞，在歌德 (Goethe) 時代曾經在他的著作中談及 Gestalt 這個名詞具有兩種含義：一是作為事物特性之一的「形狀」或「形式」；二是具有作為某種被分離的「形狀」或「形式」。無論如何， Gestalt 一詞的含義乃是指任何一種被分離的整體而言，它的名言即是：「部分的總和並不等於整體。」

們會有這種感覺？雖然有時可能是這些人的自信，使他相信自己是不平凡的，因而他就真的不平凡起來了，不過，更多的時候，是當我們在相形見絀之下，相信這些人是不平凡的，因而突顯了他們的不平凡。此時的我們在無意中扮演了他人的「底景」，他們的不平凡是藉由我們的平凡而彰顯出來的。

第四節　什麼才是不平凡的生命？

但我總是在想：到底什麼樣的人才是真正的不平凡？什麼樣的經歷才是不平凡的生命？什麼樣的生活才會讓自己感到不平凡？當我們相信那些正在臺上口沫橫飛地講述自己不凡事跡的人就是不平凡的人的同時，我們又對不平凡的意涵了解多少呢？其實，從我個人的成長歷程與卑微的性格看來，我是極度不願承認這樣的事實。像我這樣的一個人，一輩子守著家庭、守著父母親、守著老婆、小孩，根本沒有什麼機會可以到處遊歷、闖蕩。更何況我又是一個保守拘謹的人，不習慣也不會在眾人面前，展現著什麼驚人之舉。明顯地，依照上述的標準而言，我無疑注定是一個再平凡不過的人了，沒有什麼不凡的事跡可資誇耀，也沒有什麼不凡的創舉可以驚世駭俗。或許是阿Q，也或許是信念，我一直深信真正的不平凡，並不在什麼事跡、經歷、或創舉，而應該是在其思想。一個凡事平淡的人，仍可在其方寸的思想之間，有著不平凡的內涵。雖然這個內涵未必形之於外，也不一定能化為具體事跡，當然更可能不為人知，但其思想對這個人而言，卻是可以不平凡且足以撼動天地的。只要真能達此境界，那麼外在形式的不凡，對他而言，都只是浮雲、是虛幻、是無物。

> **一個人若不能夠去追問一切的存在是什麼時，此人基本上就不能稱為主體。**

這樣的思想，我相信是許許多多平凡人心裡所共有的想法，中國的道家哲學思想正是提供了這樣的養分，它滋養著所有平凡人內心的不凡思想。可惜的是，這個所謂的「超越不平凡的平凡」境界，其實薄得像一張紙——稍彈即破。試想，當我們聽聞一些許久未曾聯繫的友朋們，正在創建不凡事跡而頭角崢嶸時，平淡的心境是否馬上就像是吹皺了一池春水般擴散於心海？有些羨慕，也有些嫉妒，於是開始自恨自己為何沒有一番不凡的作為，以作為可誇耀的談資，或供未來的回憶。甚至我們還會開始質問這些在檯面上的大人物們，為何能放下一切去追尋他們人生的理想，而我只能枯守一處？為何他們的生活是如此多彩多姿，而我卻日復一日地平淡無奇？……

這樣的心境起伏，是可以理解的。前些日子裡我重看了陳冠學先生的《田園之秋》，心理還真的有那麼一點嚮往歸隱的田園之樂，可是我念頭一轉，我才真正了解自己並非真的喜歡田園生活，而只是羨慕作者陳冠學可以將那些本來是平淡無奇的田園生活，描寫得似乎令人覺得是不平凡的理想。或許，我應該重新省思的是：「不平凡」非但不是指那些不凡的事跡與經歷，而且也不在於所謂不凡的思想，所謂的「不平凡」可能僅僅只是在於自己是否覺得自己不平凡而已。當自己認為自己所作的決定是正確且勇於前進時，即使生活是平淡無味，但至少在自己的精神層次是覺得自己是不平凡的，而這樣的自覺其實仍須建立某些「底景」之上，正如陳冠學先生從平凡的田園生活中，依舊寫出了不平凡的《田園之秋》一書，倘若沒有多數追求不平凡的眾人為「底景」，我們又如何能體會出陳冠學追求平凡的不平凡呢？

其實，若再深一層地想，果真淡薄於田園之中，那又何必形諸於文字呢？我想我們就不必再阿 Q 或自欺了，我們每一個人其實都是一個需要掌聲與肯定的凡人罷了，若我能做到如檯面上的這些大人物們那般誇耀，難道我能抑遏那種炫耀的心情嗎？畢竟，我們仍是一個有血有肉的俗人而已啊，我們都需要一個可供自己揮灑生命的舞臺——底景。

底景，這個生命的舞臺，其實就是在自我的主體性與整個大環境的教化之間，我們不斷維持動態平衡的歷程。

第五節　主體與教化

這裡涉及了何謂「主體」？何謂「教化」？再則，「主體」與「教化」之間的關係又為何？當然，有關於「教化」的觀念，並不等同於一般所稱的「教育」，因為教化至少具有兩個功能，除了如一般的教育帶有某種特殊目的而教給大眾課程內容之功能外，還具備潛移默化的功能，它可能不帶有目的或意識，亦即不刻意進行，但是它的確從外而內地把某一些訊息轉移至人類心裡。換言之，「教化」基本上具備了有意識的、有目的地去教育，而給予人類某些東西（例如：學校教育）；但另一方面，「教化」亦兼備一種無意識的、潛移默化地將某些東西轉移至人類身上去的功能，例如：身為一個臺灣人，從小生長、悠遊、浸潤於臺灣文化脈絡系統中，有一些東西並沒有人教，卻自然而然地就會了，此乃經過潛移默化後自然成為的特色。因此，我倒是以為所謂的「主體與教化之間的關係為何？」一題，其實就是探索自我覺察與教化之間的交互歷程。

德國哲學家高達美 (Hans-Georg Gadamer，1900-2002) 在其經典名著《真理與方法》(*Wahrheit und Methode*) 中就曾對此議題進行過精深的追索。高達美主張的是：我們無法透過方法論（方法本身）去尋求真理，人惟有依賴主體性之展現才能貼近真理。因此，在《真理與方法》一書中提及 3 個部分：藝術、歷史與語言，藉以說明人的主體性與外在環境之教化間的關係脈絡為何。很明顯地，高達美之所以探索主體與教化之間的關係，其思想脈絡源自於兩位哲學家：一是胡塞爾，一是海德格爾。

高達美一開始係承接了胡塞爾在現象學 (Phenomenology) 上的想法。胡塞爾以為，古希臘哲學從蘇格拉底 (Socrates, 469-399B.C.) 以來，一直到 20 世紀現象學以前，凡涉及真理、答案或本質等這類問題之追索與探討時，皆持「打破砂鍋問到底，並問砂鍋到底在哪裡」的精神。然而，到了現象學，其開創了一個新的想法，認為：「會不會我們所看到的一切世界萬有其實都只是表象而已？」強調一切都只是現象，且對此現象背後的答案或真實只能抱持「存而不論」的態度，因而專心於討論其表象所呈現出來的現象即可；換言之，現象本身才是我們真正該去探討的，其背後的答案則是我們所無法觸及的。但這不代表就此否定了我們對所有表象背後之真理的探尋，只是這過程仍舊處於表象的階段；因此，一切人類所能夠進行的活動其實都只是表象的活動，我們所看到的一切事物都只是現象的呈現。然而，正如胡塞爾所言:「人是真實地活在『生活世界』(Life World) 中的。」所以，人是無法摒棄生活周遭所發生的一切事情；相反地，惟有透過生活世界所向我們呈現出來的表象去了解一切萬有。

另一方面，高達美也深受海德格爾「存在詮釋」的影響。海德格爾亦是從現象學中體悟到這個道理，既然人只能從周遭的生活世界中去看待現象，現象本身就是答案；那麼，人是從哪個角度去觀察此現象本身？是誰在看這現象？表象是在向誰彰顯其存在？海德格爾認為表象是在向人（或每一個能知覺的主體）去彰顯它的存在；並比胡塞爾更進一步強調「主體性」，肯定人的存在優先於一切問題的考慮（主體優位性），因為人若不存在，則一切的其他問題也就不存在了，故主體性的展現要優位於一切，此乃所謂的「存在哲學」(Existential Philosophy)。高達美從兩位哲學家的身上看到了「現象學」、看到了人的存在之「主體性」，並將之融合在他的書中，發展、開創出一套新的想法，即「哲學詮釋學」(Philosophical Hermeneutics)[44]。高達美運用「哲學詮釋學」的體系，完成了《真理與方法》一書；其在內容上，不斷強調「主體與教化」，並以「哲學詮釋學」這思想主軸貫穿於藝術、歷史及語言三者之間。

44 詮釋學 (Hermeneutics) 之歷史源流大致可粗分為 3 個階段：(1) 經典詮釋學／《聖經》詮釋學：最早的詮釋學，來自於中世紀耶穌教會對《聖經》的詮釋，仍屬神學系統；考慮的是如何透過閱讀《聖經》而體會到上帝或神的真正旨意。(2) 理性詮釋學：18 世紀理性啟蒙運動之後，人類有了自己的理性活動，開始了科學的進展，使得人類相信透過科學研究、透過理性思考，即能夠探究宇宙萬物的變化；換言之，18 世紀理性啟蒙運動之後，人類發現原來人可以透過理性思考去探索自然萬物的道理為何。以此時期法國哲學家伏爾泰 (Voltaire,

首先，高達美為「主體」與「教化」進行界定。他認為「主體」意指思想主體能夠透過某種方式去展現其行為、樣貌、和理性的一切活動，即主體性的展現；關於「教化」此一觀念，他認為並不等同於一般教育，因為教育是一種有目的性、想要從外而內地放到我們心裡面把你改造成什麼樣子的一種活動；而教化除了一般教育帶有某種特殊目的要教給大眾的課程內容之功能外，其還具備潛移默化的功能，不自覺當中就接受並內化成為內心的一部分。換言之，教化與教育的最大差別在於，它是能夠內化到心裡面並成為我們的一部分。高達美在《真理與方法》一書的第一章中，提及「教化」此概念時，強調其乃「繞經他者而返回自身的過程，在此過程中使他的精神、理解力不斷地向上提升（螺旋狀向上）」。說明惟有透過他者的觀點，才能了解外在事物而不封閉自我。

既然「教化」是一種繞經他者而返回自身的過程，係屬於一種內在化的過程；換句話說，教化與教育的最大差別即在於內在化，它是能夠內化到心裡面並成為我們的一部分。然而，當教化一旦在某個人身上實施時，我們應如何區分主體與教化的差別？在高達美的想法中，這兩者是不斷糾葛的，「主體即教

1694-1778) 與狄德羅 (Denis Diderot, 1713-1784) 為首的百科全書派 (Encyclopédiste)，提倡於詮釋時追索任何書籍、任何讀本，再透過詮釋去找到原作者所要表達出來的原意，即所謂的「理性詮釋學」。(3) 個人詮釋學：經過哲學家施萊爾馬赫 (Schleiermacher, 1768-1834) 做了一點主體的、個人的詮釋學變化，主張每個人的詮釋有每個人不同的想法，因而有了「個人詮釋學」的創生。不過，從《聖經》的詮釋（神的旨意），到作者的原意，再到每一個讀者可以賦予每一本書不同的詮釋，我們可發現「詮釋」的標準愈來愈降低，亦使得詮釋學愈來愈

化，教化即主體。」主體性之展現是必須能夠向外延伸而不封閉。顯然，此乃師承自海德格爾的概念：主體性即是一種能夠不斷地去追索、追問的活動與展現。一個人若不能夠去追問一切的存在是什麼時，此人基本上就不能稱為主體，因為他無法彰顯他的存在價值與意義；因此，作為一個主體必須不斷地向外追問，透過他者再返回自身，再進一步內化成為自己的一部分。如此經由不斷地追問來彰顯其自身的存在，並於追問的過程中透過外在回饋的內容再發出下一個問句，不斷地問不斷地向外。由此觀之，追問的過程即是主體性的展現，回饋的過程又讓你的主體性有了不同的發問方式，進而產生不同的主體。綜上所述，主體性的展現與教化這兩者的關係是合而為一的。

依此，我們可以發現《真理與方法》這本書的內容，正是高達美運用「主體與教化係合而為一」的「哲學詮釋學」思想主軸，貫穿於藝術、歷史及語言三者之間的鉅著。然而我們又該如何去解讀這三者呢？我們常說藝術是一種非常個人化的活動，所以高達美就從個人化的活動開始，即從「主體」開始（個人的），進而進入到歷史的文化脈絡中去探討整體人類的活動（整體的、宏觀的），最後在語言的世界中找到了相通的橋樑

無地位。因此，高達美在此做了轉折，開創一套全新的想法，雖仍沿用詮釋學一詞，但其主張「哲學詮釋學」：是一種強調透過哲學方法來探討真理為何的詮釋系統。此種詮釋系統融合了前述三者，說明了「哲學詮釋學」即是流轉在主體與教化之間所呈現出的詮釋力量／詮釋系統。

（因為在個人與人類整體之間，是透過語言這橋樑來溝通的）。顯見，對高達美而言，藝術、歷史與語言三者之間是環環相扣的。

高達美談藝術時，受海德格爾的影響很深。海德格爾曾有一篇極為有名的演講稿，名為〈論藝術作品的起源〉(*The Origin of the Work of Art*)，透過藝術活動的彰顯來告訴我們真理之所在為何。海德格爾在這篇文章中以梵谷名畫《農鞋》為例，說明在看到此雙農鞋之意象後，因被震懾而想起其背後所包含的「無限可能性」。換言之，所謂的「藝術」，即是來自於對真理的思索，並於思索和聆聽自然萬有在變化過程中所給予的許多訊息後，再透過畫家或詩人的手將之描繪、創作出來。因此，當欣賞者在欣賞一幅畫或一首詩之時，他並非只是表面地欣賞此幅畫的色彩、光亮，或是詩的文字、詞藻，而是在透過這幅畫或詩去聆聽、去回歸當時畫家或詩人所聽到、所感受到的自然萬有所向他展現的樣態。由此觀之，所謂的藝術創作，是藝術家們接收到自然或天地存有間傳達的大量訊息後，再透過不同的方式將之展現出來；相反地，欣賞者則是透過藝術作品而回歸到當時自然萬有所欲傳達給我們的訊息狀態中。如此一來，藝術或藝術創作乃處於找尋背後之真理的狀態。高達美在《真理與方法》書中，即是承接此種思想概念來探討藝術，說明藝術活動雖看似是一種非常個人化的活動，但其實每一次藝術創作背後都包含了這個藝術家對於整個自然、整個人類文明或社會的關懷。

再者，所謂的「歷史」，雖然常被定位為人類整體的活動，但其實不然。高達美認為歷史的活動看似非常整體而完整，然若我們能拿起放大鏡、顯微鏡來檢視人類的歷史長河（由許多的人、事、物所構成的人類歷史脈絡），就會發現歷史雖然表面上看來有許多的波濤起伏，但我們會從每一滴小水滴中發現，有某些人正在為某些事情掙扎、思考、努力或奮鬥，那是每個主體在歷史脈絡中的原始樣貌，而每個主體在此所展現的樣貌才共同構築了整個歷史宏觀的景象出來。換言之，歷史是從宏觀中看到了每個主體性的展現。

最後，高達美告訴我們，在主體繞經他者而返回自身的內在化過程中，惟有透過語言的溝通才能完成，故「語言」在主體與教化的過程中，扮演相當重要的角色。假若語言是一種交流、溝通的工具，那語言就非純指文字或說話，還應包括肢體語言或暗示性的語言，如：沉默、咳嗽、表情、眼神等，甚或思考時所停頓的時間等心靈狀態之展現都可算是「廣義」的語言。然在高達美眼中，所謂的「語言」，仍師承自海德格爾的語言概念。海德格爾認為：語言是自然對我們的道說，而我們僅是一個聆聽者，人類說出來的任何話，其實都是在聆聽自然萬有對我們訴說之後所自然流露出來的一種訊號，而能夠將此種「語言」發揮到淋漓盡致的詩人或藝術家，其不僅能將聆聽到的釋放出來，而且還釋放出讓別人感受到其美感，並體會到詩人或藝術家的用心。高達美亦是沿用此種想法，認為「語言」除了是交流溝通的工具之外，我們必須將其定位提升，因為語言不僅是言說或道說，其本身就是一種大道、真理和方法。所以，真理和方法全部都融匯到語言這系統中，所有的展現、真理與方法都必須透過語言；換言之，語言已經不只是一種工具，它已經成為道理的本身。

“語言是自然對我們的道說，而我們僅是聆聽者。”

第六節　大道與雙重性的關係

把語言的本質喻為「大道」(Ereignis)[45]，首倡者應是德國哲學家海德格爾，在他的《在通向語言的途中》(*Unterwegs zur Sprache*) 一書中，海德格爾就特別著重在 Ereignis 的「道路」、「開闢道路」、「道說」、「道理（法則）」等意義。海德格爾認為，Ereignis 就是「開路者」(das Be-wëgende) 或是給予一切以道路者。而 Ereignis 的「開路」也即它的運作和展開，就是 Ereignis 的語言。這種「語言」，海德格爾願意以「道說」(Sage) 命名之。海德格爾明言：「道說乃是大道說話的方式。」但是，如何才能讓大道自己言說呢？這就是前面談及主體與教化之間具有交互作用的「雙重性」概念了，在主體的發展中無法完全擺脫教化的影響，而在教化的過程中又需有主體的參與。主體與教化的交互歷程，充分展現了海德格爾後期思想中的主軸——「雙重性」(Zwiefalt)。

---

45 德文的 Ereignis 一詞，在海德格爾而言，的確具有「道路」及「道說」含義，所以在一般的中文翻譯下，Ereignis 一詞多譯為「大道」。但近年來開始有一些學者認為「大道」的譯名，容易讓人聯想到老子的「道」(Tao)，而有所謂的「中國化」之嫌。另外值得注意的是，Ereignis 這個德文詞語，在字面上有「本已」的含義，正因為這樣，許多國內外學者在考慮譯名時，也常以這個「本」字為主軸，例如：陳嘉映建議譯之為「本是」、張燦輝提供了「本然」一譯、倪梁康則譯為「本成」，而最多人採用的則是孫周興所提出的「本有」。不過，本文以為「大道」的譯名雖有近乎道家的「中國化」之議，但海德格爾本人從不避諱他的思想受中國道家思想的影響，所以在此處我仍沿用了「大道」之譯名。

> 語言已經不只是一種工具，它已經成為道理的本身。

海德格爾認為，傳統的形而上學一直未曾深思的是「作為不存在的存在」此種「雙重性」特質的存在，例如：「解蔽／遮蔽」、「在場／不在場」、「顯／隱」的差異化運動的存在本身（當然，海德格爾也認為傳統形而上學對「存在者之存在」以及「存在者狀態上的真理」等議題上仍有其貢獻）。因此，若我們從海德格爾此種「解構／建構」的現象學方法入手的話，我們將會發現這種方法傾向或是思想表達策略，可以說貫穿了海德格爾畢生的思想道路，而在後期思想中的基本呈現就是他的「雙重性」思想方式。不過，這並不代表海德格爾因此就成了德希達 (Jacques Derrida, 1930-2004) 式的解構主義 (Deconstructivism) 者，因為海德格爾的思想方式仍舊是「解構」與「建構」的雙重性。在他看來，「解構」與「建構」必須構成一種互動、互補，否則思想就難以應合「實事」，因為「實事」本身的發生運動就是以「雙重性」為基本特徵的——就是「雙重性」本身。

在「雙重性」的本身，我們看到了自然大道的本己，因為任何純粹由主體觀照而得的想法，或是其他純粹由外在教化熏習而得的行為，均都落入極端化的困境而不自知，惟有在主體與教化的雙重性之下，我們才有可能超越前述的極端化，而真正進入「大道」之中。正如海德格爾在〈什麼叫思想？〉(*Was heißt Denken*)[46] 的演講中提到：作為理性的生物的人，常常自以為只要人願意思想，那麼他就能思想，可是我們所沒想到的是，也許有人意願去思想，但其實卻不能思想的呢！換言之，我們雖然極願進行哲學思想，但事實上是，在我們尚未摒棄自我的主觀成見與教化習性之前，我們根本尚未進入真正的思想之境。至於如何做到這樣的「雙重性」呢？海德格爾作了一個有趣的比喻：如果我們盡可能長久地堅持在一種對立的面向上，不作涉入地站在所要思想的事物之對立面上，反而能幫助我們對那個我們所要思想的事物進行思想，就像跳躍一樣，當我們拉開助跑所必須的距離時，我們才能經由助跑的助力，成功跳躍 (Sprung)，躍入對最可思的東西的思想之中。[47] 正如巴勒斯坦社會學家薩依德 (Edward W. Said, 1935-2003) 在《知識分子論》(*Representations of the Intellectual*) 中所提到：知識分子

46〈什麼叫思想？〉演講稿（選自講座稿《什麼叫思想？》，1951-1952 年冬季學期講座），1952 年 5 月在巴伐利亞廣播電臺宣講；刊於《水星》(*Mercury*) 雜誌，1952 年第六卷，頁 601 以下。

47 參見 Martin Heidegger，*Was heißt Denken*，收錄於 Martin Heidegger (1954), *Vorträge und Aufsätze*, Verlag Günther Neske, 1954 J. G. Cotta'sche Buchhandlung Nachfogler GmbH, Stuttgart. 本書根據德國維多里奧．克勞斯特曼出版社 2000 年全集版譯出，孫周興譯 (2005)，《演講與論文集》，北京市：生活．讀書．新知三聯書店，2005 年第一次印刷，頁 140。

應保持其邊緣性格，而不能過於涉入任何一種利益或政治團體中，才能保持其批判的原動力。這也符合海德格爾在〈物〉一文中以壺中之空間為例，說明壺壁之保持距離才可能創造出虛空這種從有到無的思想跳躍。故而，思想必須保持任何可能性，而非為獨斷的某一東西，一旦獨斷（即一旦確定思想之為何物）了，那麼人就不再思想了。

> **“知識分子應保持其邊緣性格。”**

如此一來，我們該如何做呢？難道我們能做的只有等待，等待「大道」向我們訴說它的本質？對海德格爾而言，等待並不等於什麼都不做，等待意味著：我們必須先棄絕自身的所有期待，僅僅以聆聽之姿，沒有任何預設立場地傾聽大道的言說。因為，對於自然萬有之大道，我們從來就不曾投以真正的關注，我們長期以來關注的焦點只有自己，並且已經習慣從自己的觀點去看待自然萬物。所以，惟有放下自我的成見，那麼這個長期對人隱匿自身的大道，才有可能再現於我們的面前。這個長期以來因著人的成見而自行隱匿 (Sichentziehen) 的大道，其實一直都在我們的生活周遭，它從來就沒有離開過我們，所關鍵者就是我們自己，我們必須學會如何棄絕自身，如此我們才能是一名真正的聆聽者，聆聽大道向我們訴說它的本質。就像海德格爾所說的：

> 我們根本就不只是我們，而僅僅是我們在指向自行隱匿者時所是的東西。這種指引就是我們的本質。我們通過顯示到自行隱匿者之中而存在。作為向那裡顯示的東西，人是顯示者。而且，人並非首先是人，然後此外、也許偶而還是一個顯示者，而毋寧說：由於被吸引到自行隱匿者中、被引向這個東西中並且因而向隱匿顯示，人才是人。人的本質就在於成為這樣一個顯示者。[48]

棄絕自身以聆聽大道的言說，我想這也正是莊子在〈齊物論〉一開頭所說「吾喪我」的境界，透過真我（即「吾」）的覺醒以達忘我（即「喪我」）之境，指的就是去除「成心」（成見）、揚棄我執、打破自我中心。然後，在「吾喪我」的過程中，我們才開始看見以往我們所不曾見到的人、事、物，於是

48 此處，海德格爾對人的界定與其在其他演講或文章所述一致，即將人視為「返鄉者」、「異鄉者」、「漫遊者」……等，均是指出人是在不斷返回自身安棲之處的過程而存在。參見上註，頁 142。

「他者」(the other) 的存在便有了不同的意義了，這也是我在下一章中所要再談的主題了——在消解自我的過程，我們將開始看見他者的存在！

“在消解自我的過程，我們將開始看見他者的存在！”

第四章

在自我的解消中看見他者

上一章談到在「涉入」(Engagement) 與「不涉入」(Disengagement) 之間必須取得平衡，於是自我的個體性與他人的存在性在孤獨的場域中產生互動，在追尋個人的生命意涵過程中，我們將會看見他人的存在價值。如同海德格爾所說的：

> 即使他人實際上不是現成的擺在那裡，不被感知，共在 (Being-with) 也在生存論上規定著此在 (Dasein)。此在之獨在 (Being-alone) 也是在世間的共在。他人只能在一種共在中而只能為一種共在而不在。獨在只是共在的一種虧缺樣態。[49]

從形而上的角度來說，如果沒有了「關係」，其實也就沒有了「個體」，因為「個體」是一個透過對比（與其他「個體」

---

49 參見《孤獨》，頁 117。

對比）才會產生的概念，而對比就是一種「關係」。不過這個論證也大可以反過來使用：對比固然是一種「關係」，但沒有兩個或以上的個體，對比又從何展開呢？如此一來，我們豈不是可以說，「關係」是以「個體」的存在為前提的嗎？由此可見，「關係」與「個體」這兩個概念是相互涵攝的，根本沒有誰比誰根本、誰比誰真實的問題。因此，「不涉入」離不開「涉入」固然是事實，但「涉入」離不開「不涉入」也同樣是事實，所以根本沒辦法說它們誰比誰更真實一些。正如不涉入者的意識會被一個「底景」所包圍，涉入者的意識也會被一種「距離感」所包圍（即人在與別人互動的時候，他的自我總會不自覺地遙站在某個距離之外）是一樣的。

第一節　「他者」的存在

因此，過度強調自我的孤獨感與主體性的展現，有時反而恰恰失去了最真實的生活面貌。法國哲學家萊維納斯 (Emmanuel

Levinas, 1906-1995)[50] 就曾用「黑夜」這一意象來刻劃 ilya[51] 的狀態，非常適合用來說明過度追求存在時反而會產生的不確定感：

> 在黑夜中萬物消散於其間，「黑夜」正表達了「有」的無名性和無人稱性。在無眠之夜，在夜的「沙沙」聲中，黑夜把一切還原為不確定的存在。[52]

相對於「黑夜」，萊維納斯更進一步用「失眠」(insommia) 的經驗來描繪這種無名的 ilya。因為，失眠是由永無止境的意識構成的，人們無法從這種警醒中撤回而無所遁逃。萊維納斯認為這與 ilya 非常相像。「失眠」在寧靜中觀察卻無所觀察，在寂靜中等待卻無所等待。就像意識在自身中呈現「有」東西存在，卻無法辨明。某物以一種沒有形式的方式在意識中呈現，它揭示了「有」，但卻不是具體的「是什麼」。所以，「失眠」呈現的意識不是一種真正的意識，是一種沒有意向性的意識，一方面是一種無法對象化的狀態，另一方面是一種沒

50 猶太裔法國哲學家曼紐爾・萊維納斯在 20 世紀的哲學地位十分特殊。就年紀而言，萊維納斯與沙特和梅洛・龐蒂 (Maurice Merleau-Ponty, 1908-1961) 是同輩哲學家，是胡塞爾與海德格爾哲學在法國早期的主要傳播者與研究者之一，沙特本身就是在讀了萊維納斯的著作之後走上現象學道路。但在研究現代法國哲學思想的著作中，萊維納斯的位置卻時常難以安排。萊維納斯在西方哲學的定位，是由於德希達的宣揚才聲名大噪。

51 萊維納斯的 ilya 一詞，相當於英語中的 there are（有），它表達了「存在之重」的意涵，係對「存在」概念的反抗。

52 參見孫向晨著 (2008)，《面對他者——萊維納斯哲學思想研究》，上海市：上海三聯書店，2008 年 12 月，頁 85。

有主體的意識。因此，萊維納斯認為「失眠」的經驗正好揭示了這種存在：「存在永不衰退，在那裡，存在的工作永無停止。」[53]

可以想見的是，如果一味追求存在者的孤獨或主體性，那麼這樣的孤獨或主體性最後只會讓人漫無節制地自溺於死寂之中，迷失在「失眠」狀態中而無法自拔。因此，過度沉溺在追求自我的生命意義上，忽略了他者在我們周遭的存在，有時反而會讓我們看不到真正的自我。因此，本章我們就來談談如何在自我的消解中看見他者！

現實中大概沒有人會否認「他者」(the other) 的存在，但我們真的能認識到「他者」的意涵嗎？從哲學的觀點而言，我們可以採取兩種可能的途徑來探討「他者」：一是以「先驗」(a priori) 的方式探究，「他者」是「自我」(ego) 的一種變異，是「他我」(alter ego)，因為要理解他人之所思、所想，終究需以「先驗自我」為基礎。這種「自我」與「他者」的關係可追溯至哲學史上更久遠的一個傳統議題，即可以轉化為「同一」

53 同上註，頁 85。

(identity) 的「他者」，這種「他者」在傳統的西方哲學中，雖然經常被提及，但在本質上仍被視為是「同一」的分離，且最終仍需回歸至「同一」。另一條途徑是以「相遇」(encounter) 的概念來探究，「他者」是我所遇見的、是我所面對的，是同伴、是對話的對象，所以在「相遇」中呈現的「他者」是「我所不是的」，這個「他」終究是不能還原到「我」的，是一種「徹底的他者」或「絕對的他者」。我們可以很明顯地看出，第一種意涵的「他者」仍是以「自我」為中心或為依歸的，但第二種意涵的「他者」則徹徹底底是不同於自我的另一個存在者。所以前者強調本質性、同一性、內在性的哲學傳統，但後者試圖在這樣的哲學傳統中，開創出相異性、外在性和多元性等概念，在「自我」與「他者」之間的關係中，開展出更多非對稱性、開放性、對話性以及各種不同於以往的任何可能性，例如：在後現代哲學 (Postmodern Philosophy) 的思潮中，對於女性主義、東方主義、解構主義乃至於瘋癲等議題，大概都是在人們開始明白了他者、邊緣、偶性等概念的重要性之後，才開啟了這扇哲學大門。基於此，當代一個最熱門的哲學議題於焉展開，人們也開始探索這個「他者」究竟指的是什麼？

第二節　「他者」是自我最重要的因素

這個「他者」究竟所指為何？災難性的他者、無意義的他者、重要的他者、建設性他者、作為挑戰自我主體的他者……，但是這些林林總總的各類「他者」，到底是這些「他者」挑戰「自我」的存有，還是「自我」的封閉性遮蔽了「他者」的存有？法國哲學家沙特(Jean Paul Sartre, 1905-1980)曾有一句名言：「他人就是地獄。」道盡了他者的災難性。「他人就是地獄。」這句話出自沙特的戲劇作品〈禁閉〉(*No Exit*)中的臺詞，它表達了劇中人物前往地獄的看法。不過，這句哲學界中眾所皆知的名言，常常被人所誤解，所以沙特曾為此提出解釋，他說：

> 「他人就是地獄。」這句話總是被人誤解，人們以為我想說的意思是：我們與他人的關係時刻都是壞透了的，而且這永遠是難以溝通的關係。然而這根本就不是我的本意，我要說的是，如果與他人的關係被扭曲了、被敗壞了，那麼他人只能夠是地獄。……其實，對於我認識自己來說，他人是我們身上最重要的因素。[54]

54 參見 Jean Paul Sartre 著，周熙良等譯 (2003)，《他人就是地獄——沙特自由選由選擇論集》，西安：陝西師範大學出版社，2003 年初刷，頁 10。

既然「他者」是自我最重要的因素，那麼為何我們總是不經意地忽視他者的存在呢？這是因為在傳統的人本主義中所隱含的自我中心概念及其對「同一性」的追求，它所代表的正是對「相異性」、「陌生性」、以及「他者」的暴力。最早對這種「同一性」的暴力提出指控的是猶太哲學家馬丁・布伯 (Martin Buber, 1878-1965) 的「對話哲學」，代表著作《我與你》(*I and Thou*) 在西方思想界具有相當重要的影響。布伯強調「之間」(between) 的概念，他的哲學思想的出發點不在「我」，也不在「他者」，而是在於「相遇」(meeting)。布伯認為：「凡真實的人生皆是相遇。」[55] 布伯這種「相遇」的概念使我們脫離自我主義，得以向世界敞開心胸，接受生命中所遇之物，而形成無限的關係世界。

以當代盛行的網際網路為例，大概最能說明這個在我與你「之間」的無限世界。不過，一提到網際網路，就有人會聯想到不真實或是想像的世界，所以常有人會批評現代沉溺於網路世界的青少年，認為他們其實只是想在這個想像的虛擬社會中尋找暫時的滿足感，因為「想像與真實的差別在於，我們可以免去在真實世界中，得到這些經驗所要歷經的傷害與痛苦。我

55 參見 Martin Buber 著，《我與你》(*I and Thou*)，北京市：三聯書店，1986 年初刷，頁 27。

們不需要遭遇到這些情況，就可以得到真實境遇的好。」[56]對此，我想說明的是，在網際網路的「虛擬社群」中使用「虛擬」一詞，和一般所稱的「虛擬真實」不太一樣，虛擬社群並不是無法在經驗上做區分的社群翻版，而是一種不一樣的社群。在這層意義下，「虛擬」的意思並不是跟真實相對的幻影，而是一種不一樣的真實，因此當我們在表達「虛擬的確定性」(virtual certainty) 一詞時，「虛擬」這個字眼所隱含的意義是「和……一樣好」。如同萊因古爾德 (Howard Rheingold) 在《虛擬社群：住在電子疆域》(*The Virtual Community: Homesteading on the Electronic Frontier*) 一書裡，第一次使用「虛擬社群」這個詞，並為這個詞提供了明確的定義：

> **“凡真實的人生皆是相遇。”**

> 虛擬社群是一種社會的集合，只要有足夠的人上網、有夠多的公共辯論，就會出現這樣的集合……這些虛擬社群也具有充分的人類感情，在網際空間裡形成人際關係的網路。[57]

56 K. Walton, Mimesis as Make-Believe, Cambrige, MA, Harvard University Press, 1990, p.68.

57 H. Rheingold, *The Virtual Community: Homesteading on the Electronic Frontier*, Reading, MA, Addison-Wesley Publishing Co., 1993, p.5.

在這層「虛擬」的意義下，虛擬不只是外觀相似的某個東西而已，而是某樣東西的另類實踐方式，就像是另一種實體，相似於原來的要素，也有和原來不一樣且相對的要素。如果這個說法無誤，問題就變成這些另類的社群形式本身是否為一個實體，我們是否能將其視為另一種不一樣的真實或是另一種存在呢？坐在電腦螢幕前的我，是真正的我嗎？（或者說「不是真正的我嗎？」）而螢幕中所顯現的他人，是真正的他（或她）嗎？（或者也可以說「不是真正的他或她嗎？」）

第三節　胡塞爾和海德格爾對「他者」的闡釋

因此，所謂的「自我」、所謂的「他人」，到底指的是什麼，就非常耐人尋味了。德國現象學哲學家胡塞爾在《笛卡爾的沉思》(*Cartesian Meditations*) 第五沉思中就曾討論到這個問題。他在先驗層次上先表明，我的意識怎樣能構成另一個主體，這種主體性也是一個自我，但與我又不同，而我也不過是他人的「另一個我」。這其中隱含著交互性。胡塞爾在此借用了萊布

尼茨的單子 (monad) 概念，把先驗反思描述為一種單子式自我 (monadic Ego)，而透過單子間的互動而提出「互為主體性」(intersubjectivity) 的理論，它最後導向各種原初領域的融合，並顯現出一個共享的世界──生活世界 (Life World)。另一位德國哲學家海德格爾也深刻意識到，從來沒有一個孤立的「自我」是先有「自我」，然後通過與「他者」的聯繫再來克服「自我」的孤立性。海德格爾從存在論上來認識「他人」的在場，他用獨有的「共在」概念來表達「此在」在世是與「他人」同在的。他認為「他人」與「此在」一樣也共在此，這也就是說，「他者」與我一樣，也是作為「此在」存在，也是自我關涉、自我領悟的存在，進而提出「他者」也是在世之中的存在。按海德格爾對「此在」的規定，「此在」本質上是「共在」，而「共在」意味著「他人」總在身邊。世界總是我與「他人」共同分享的世界。

不過，不論是胡塞爾的「生活世界」或是海德格爾的「共在」，對法國哲學家萊維納斯看來，近代的自我中心主義和統攝一切的「同一」地位依然沒有消失。他認為海德格爾的哲學與胡塞爾的哲學有著一樣的問題，都還是從「自我」的角度來分析「他者」，沒有注意到真正作為他者的「他者」。因為當我們自以為「領悟」、「擁有」、或「認識」到「他者」時，「他者」便不復是「他者」，而已經變成我們的一部分了。

“世界總是「我」與「他人」共同分享的世界。”

萊維納斯更以海德格爾對「死亡」的分析為例，說明死亡並非如海德格爾所說的「最終的確定性」，而應是「絕對的相異性」。對海德格爾來說，「死亡」是「此在」的終結，它意味著「不再在此」。「死亡」是確定要在未來發生的，所以「此在」是「向著死亡的存在」。正是「死亡」使「此在」的存在具有整體性。人是一種有限的存在，「死亡」是其終點。因此，「死亡」在海德格爾看來是最本己的東西，是「他者」不可替代的，是了斷一切之後，惟一剩下的，是己之為己最後的依據。「死亡」標誌了「此在」這種最終的「我性」(mineness)，且當每一個「他者」之必然「死亡」時，「死亡」構成了「自我」與「他者」的「最終的確定性」。但是，萊維納斯對「死亡」的分析正好與海德格爾相反。萊維納斯認為，儘管我們確定知道「死亡之必來」，但我們也同樣確定不知道「死亡為何？」「如何死亡？」所以在這個意義上，「死亡」反而是最不確定的、最不可理解的，我們永不可能真正理解「死亡」，我們對「死亡」的所有認知都只是「他人之死」，因此「死亡」表達了一種不可知性和「絕對的相異性」。

萊維納斯進一步以「愛欲」(eros) 為例，來說明「自我」與「他者」的「絕對相異性」關係。關於「愛欲」，有一則有趣的希臘神話故事，相傳男女原本是「一」體，只是後來被天神剖分為兩半，於是作為各自一半的男女終其一生都在尋覓自己的另一半。因此，傳統上對「愛欲」的詮釋，總將其視為是一種結合的力量，目的是要重新回到「一」。但是，萊維納斯卻不這麼認為，他認為女性是永遠的「他者」，不可能真正與男性結合為一。當然，這樣的論點必然招來女性主義哲學家的批評，例如：西蒙・波娃 (Simone de Beauvoir, 1908-1986) 就曾批判萊維納斯把女性視為「他者」、視為神祕，是一種男人至上主義的傾向。[58] 不過，萊維納斯關注的焦點並非男性沙文主義與女性主義的主張，他真正關注的是「他者」的相異性。他認為在「愛欲」中「他者」是向我開放的，被愛的她向她的愛人

58 參見 Simone de Beauvoir 著，《第二性》(*Le Deuxième Sexe*)，北京市：中國書籍出版社，1998 年初刷，頁 11。

展示了她的「相異性」，愛使愛人跳出自身去擁抱被愛的「相異性」。因為在「愛欲」中，一方面有一種傳送的力量，超出自身而達於「他者」；但在另一方面，即便是在「愛欲」最為親密的關係中，「他者」的「相異性」也不會消失，無論他們結合成一體的欲望有多麼強烈，他們仍是「分離」的。因此，萊維納斯認為「愛欲」的關係是最能體會「他者」相異性的頑固特質。萊維納斯指出，愛不是融合，被愛的並不能真正成為我的，被愛的依舊是「他者」。由此而言，不論自我如何努力地想將他者納入至自己之內，他者都永遠是他者，而且是自我的追索愈深，則愈會發現他者對自己的影響與重要性。

第四節　自我有賴他人的成全

正因為如此，我們每一個人都必須認真思考：他者在我的生命過程中所占有的重要性。對此，我想至少有 3 個問題是我們必須去思考的，即：人際關係的問題、社會定位的問題、及道德倫理的問題。首先碰到當然是人際關係的問題，即「如何與他人互動？」，而在人際關係當中會碰到的最大問題，不外乎「溝通問題」，因為每個人所說的話，只有自己最了解，有時也因不能完全表達自己內心的真正感受，而使得聽者無法完全理解其所要表達的意思。溝通的歧異性，嚴重時甚至可能產生「衝突狀況」，這大概也是有些人視人際關係為畏途的原因吧。其次是社會定位的問題，亦即將自己擺在這個由「他者」所構成的社會中，我們是以怎樣的姿態或位階身處其中。個體常因為不懂得自我定位，不懂得社會分寸之拿捏，而出現不合時宜的行為舉止，故須認清自我在身處的社會環境當中所扮演的角色為何。最常出現的社會定位考量，大概包括了社會結構、文化差異、及歷史評價等 3 方面的考量，換言之，當我們有所舉止作為時，必須要考慮當下的社會環境、不同國情或文化的不同，甚至考慮到未來的人們或未來的自己會如何看待我現在所做的事情。最後是關於倫理道德的問題，判斷是非、制定立身處世的原則，是自我與他人相處的最高價值評判，然而，人們卻因為種種不同的因素（諸如：宗教信仰、文化差異、社會情境、或教育環境

> **“我們每一個人都必須認真思考：他者在我的生命過程中所占有的重要性。”**

等），發展出自己特有的一套倫理標準去要求、評判他人，造成了自我與他人之間無可迴避的價值衝突。

睽諸上述 3 個關於「他者」所衍生的問題（人際關係、社會定位、及道德倫理），法國哲學家保羅．利科（Paul Ricoeur, 1913-2005，一譯呂格爾或李克爾）認為關鍵仍在於「他者」。他認為自我身分之構成，必須通過他人，即自我之為自我，在存在論上必須有賴他人的成全，則自我與他人的關係，已非純然認識論或存在論層面的關係，而是包含了倫理面向的關係。他在《一己猶如他人》(*Soi-même comme un autre*) 一書探討的正是自我身分問題在存在論面向與倫理面向的交織關係。[59] 利科的此一思想沿襲了他一貫的哲學主張，在他 3 卷本的哲學鉅著《時間與敘事》(*Temps et récit*)[60] 中，他就以一種非形上學的方式，嘗試解答西方哲學自休謨 (David Hume, 1711-1776) 和康德以還，一直懸而未決的人的自我身分問題 (the problem of personal identity / identical self)。他提出了關於 identity 的重要區分[61]：個人的身分問題，不應單從物般的同一性 (idem, identity as sameness) 角度——即靜態地看，還要從

59 利科重視一己和他人有對等的一面，他重拾了西方哲學史中一直被忽略、直至康德與黑格爾 (Georg Wilhelm Friedrich Hegel, 1770-1831) 才認真面對的課題，那就是「承認的問題」(th problem of recognition)。利科逝世前一年發表的《承認的歷程》(*Parcours de reconnaissance*) 一書，可說是一部前無古人的「承認的現象學」(phenemenology of recognition) 鉅著。若自我身分之構成，必須通過他人，則承認他人是承認一己的必要環節；但若只承認一己而不承認他人，就是對他人的不公義。因此，如何確保公義，是探討自我身分的哲學和承認的哲學所然涉及的課題。

60 利科《時間與敘事》3 卷的主要內涵為：(1) 要了解能敘事的主體，必須理解敘事活動本身。在我們建立敘事身分之際，我們會依過去的向度——即依於現實中出現過的經驗來敘述，就如歷史敘事般。因此，利科在第一卷中，首先就重點考察了歷史學家如何記敘歷史事件，如何交待歷史事件中的情節。(2) 但我們在敘說「我

人作為各自獨特的一己者 (ipse, identity as selfhood) 的角度——即動態地理解——他身處的社會歷史境況、他的言行與他的交往、他的行為等等。而從後一種向度著手的話，人的身分就只能透過敘述來建立。換言之，當我們在回答「我是誰？」(Who am I?) 的問題時，我們不是就「什麼 (what) 是自我」的問題來回答而已，而應是就「誰 (who) 是自我」的問題來回答才是，其中這個「誰」(who)，指的不是自我的某個本性或本質，而是指那些與我相遇、相知、相識的所有「他者」。因此，利科認為「我是誰？」的問題，只能透過敘事中建構身分 (narrative identity) 的進程來回答，它不是以一種抽象的精神實體 (spiritual substance) 的形上學方式解答，而是透過回顧我說過什麼話、我做過什麼事、我曾與什麼人交往、我對什麼事情負過責、我對自己和他人作過什麼允諾……，在這各層面活動的經驗中，透過重新述說我的生活故事 (life stories)，來重新編織 (refiguration) 的身分。

「自我」的身分來自我所經歷過的所有「他者」（包括人、事、物），在於「自我」與「他者」之間的所有關係所構成，

是誰」之際，也會就未來或想像的向度來說，如：「我有甚麼人生理想」、「我以甚麼為人生目標」等等。此時，我們的敘述就更像文學家般在想像、虛構的世界中馳騁。故第二卷，就是關於小說敘事中的形象塑造 (la configuration dans le récit de fiction) 的研究。(3) 當然，我們更要把我們所敘述過的不同時間向度的關係弄清楚：為甚麼我們總是在當下敘述過去和未來？究竟時間是甚麼？是物理世界中純然客觀的時間（亞里斯多德探討的那種時間），抑或想像世界中純然主觀的時間（聖奧古斯丁所過問的那種時間）？還是二者之間那種敘事的時間 (narrative time)？《時間與敘事》第三卷就是處理「時間為何」這一千古難題。

61 Paul Ricoeur, "Narrative identity", in On Paul Ricoeur. On Narrative and Identity, ed. David Wood (London and New York: Routledge, 1991), p. 189.

這樣的關係不就是哲學所追求的倫理學之真義了嗎？這也是萊維納斯「他者哲學」的核心精神之所在——以倫理學作為第一哲學。他以「臉」(face) 作為比喻來說明這樣的倫理學：「臉」作為「他性」呈現在我們面前，是一種「面對面」(face to face) 的關係，具有絕對的「外在性」、不可被占有、不可被客觀化，在「臉」的凝視之下，讓「自我」了解到「他者」的不可被同一。所以，對萊維納斯而言，「臉」就是他人的顯現 (Other's epiphany)。[62]

因此，萊維納斯的核心思想就是「面對他者」，倫理先於存在論，倫理學是第一哲學。這裡「面對他者」不僅僅是在直觀意義上所理解的與他者「面對面」的相遇，更是指一種精神上的「面對他者」。萊維納斯所謂的倫理 (ethical)，與通常意義的倫理學 (ethics)，有很大的區別。他並不關心建立一套道德行為的規範和標準，也不是要檢驗道德語言的本質，更不是在意如何過幸福的生活。倫理決然不是某種特殊的哲學視野，倫理是第一

> **在「臉」的凝視之下，讓「自我」了解到「他者」的不可被同一。**

62 萊維納斯特地用了 epiphany 這一專門表示神的顯現的概念來表示他者之臉，以示「他人」之顯現與其他事物之顯現的根本差異，從而暗示「臉」所顯示的某種神聖性。

哲學的視野，是超自然、超歷史、超世界的視野。人類原初的生活就是倫理的，倫理是所有真理、自由和平等的根本保障。萊維納斯對於這種倫理，只提供一種信念，那就是傾聽「他者」的聲音，肩負對「他者」的責任，展示「為他者」的主體。在萊維納斯的哲學中並沒有一條通向知對錯、明善惡的道路，也沒有通過道德規則、絕對律令、人生指引來約束人，只是確立了生存中「為他」的向度。「面對他者」意味著對我與世界的占有性關係提出疑問，意味著裂解自我的「同一性」，意味著我須對「他者」作出回應，從而肩負起「責任」，由此「他者」奠定了我作為主體的倫理本質。

第五節　「他者」的倫理學

但是，從「他者哲學」轉變為倫理學，其實存在著一個有趣的悖論：作為主題的「他者」卻注定不能成為主題。「他者」本來就是相對「自我」而言，本來就是屬於邊緣；當「他者」成為主題時，就成了中心，這是對「他者」身分的根本顛覆，其與以「自我」為取向的哲學何異？是「我」非「他」，如何以「他人」自居，來論述「他者」？若非如此，哲學又何以能言說「他者」？這似乎是無法解開的套套邏輯，我想這大概也就是萊維納斯哲學體系中最大的困境吧！一方面說來，萊維納斯認為不可能成為「他者」來言說「他者」，哲學只能站在「自我」的立場開口，所以我們只可以「面對他者」，而不可以「成為他者」；但是從另一方面來說，我們又必須要有一套站在「他者」處境或立場的哲學語言，來理解「他者」或替「他者」發聲。綜合這兩方面，就產生了一個根本性的困難——沒有任何一套現存的哲學語言系統，可以同時滿足這兩方面的需要。對此，我們大概就可以體會為何萊維納斯的哲學文字日漸詰屈聱牙，在他使用「逃避」、「面對面」、「言說」、「替代」、「親近」、「距離」、「蹤跡」等概念的同時，他是何其艱難地讓這些概念不捲入「把他者吸收進同一」的傳統，而讓「他者永遠保持著距離」。萊維納斯的這個困境，其實也是長久以來倫理學的困境，除非我們能找到一套放諸四海皆準的倫理學原理，否則這樣的難題，恐怕將永遠存留於所有倫理議題之中了。

就自我與他者「之間」的倫理關係而言，究竟有沒有一個共通的道德感是作為自我與他者溝通的平臺呢？若有，那麼這種道德感是天生本有的呢？還是後天培養而成的呢？正如孟子所言之「人性本善」（即「四端之心，人皆有之」，《孟子・公孫丑上》），或如荀子的「人性本惡」，認為人之本能是自私的（自己先想到自己，例如：嬰兒肚子餓就哭、尿布溼了也哭，並不會考慮父母親是否正在忙碌中）。所以，孟子強調人長大後會變壞，是因為受外在環境之影響所致，故其道德教育方針乃「收其放心而已矣」（《孟子・告子上》）；而荀子則說人之本性本無善無惡，須謹慎以待的是「近朱者赤，近墨者黑」的教養環境。

這裡引發出另一個問題：「道德是可教育的嗎？」後天養成是一種規則性的、被教導的道德觀；然而，將此規則教給我們的那個人之規則又是從何而來的呢？當我們還是小孩子時，父母親教我們什麼可以做、什麼不可以做之時，會認為那只是大人們利用權威一味壓迫我們，因而心存反抗；所以，荀子之出發點或許是好的，但有無可能淪為某些特定人士用來壓迫別人的工具呢？如此一來，「道德教育」會否是另一種壓榨或暴力呢？例如：當殘障人士欲賣口香糖給你，而你不買卻反被罵沒道德、沒同情心，並遭受到眾人以異樣、歧視的眼光來看待你之時，是否就代表著你真的沒「道德」呢？由此觀之，若如荀子所主張的，道德真的是後天教育而形成的，那麼教育的過程真的到處充滿著壓迫與逼迫（不自在、權力的不對等、輿論的壓力）；傳統上從小到大的道德養成教育過程中，可謂「打罵教育」，然此一種方法是正確的嗎？關鍵點還是在於被懲罰、被教育者身上，亦即視這個被教育者的內心是怎麼想的、是否認同這教育模式而定；換言之，抉擇權（內心本性的篩選）還是來自於「被教育者」的內心。如此一來，又回到了孟子本性、本心的說法，說明我們當然可以採取相同的教化方式，但還是得看這個小孩子的本性是如何，因為一個小孩子的本性，決定了其對此套教育方式的內化程度／接受的程度有多深。這樣看來，「道德」難道不是來自於自身本有嗎？即使有外在教育，難道不也是需要經由這個人的內心、本性之篩選後，才能成為屬於他自己的道德嗎？

綜上所述，「道德」到底是本有的？還是後天教育而得的呢？在回答上述問題之前，此處第一個要解決的問題是：何謂「道德」？接下來再談：「道德」是可教育的嗎？而教育之目的又為何呢？一般而言，教育之目的就是希望讓孩子本來是壞的能變成好的，或是好的可以變成更好的；甚至還具有道德的意味在裡頭。以上三個問題之間是環環相扣的。

美國著名的倫理學家麥金泰爾 (Alasdair Chalmers MacIntyre, 1929-) 在其重要著作《德性之後》(*After Virtue*)[63] 第四章〈先前的文化和啟蒙運動對道德合理性的論證〉一文就曾針對上述諸問題探討過。他認為 18 世紀理性啟蒙運動之後的道德，是一種太過理性化的道德，強調我們應回歸至最本源的道德；因為理性化的道德基本上是工具性的道德，而工具性的道德就是目的導向的道德，不管是要為別人好、還是要為自己好，都是有目的性的道德，但對麥金泰爾而言，道德應該是一種無目的性、發自內心要去做的事情。

“道德是可教育的嗎？”

在〈先前的文化和啟蒙運動對道德合

63《德性之後》，是麥金泰爾的成名之作，成書年代在 20 世紀末葉 (1981)，發行本書之用意在於反省整個西方倫理學的發展，是一本非常重要的典籍。因為 1960 年代正是美國「嬉皮／雅痞」風潮最盛之時，呼應了 1920 年代之後的存在主義的發展，強調個人的存在優先於一切，年輕人打著「只要我喜歡，有什麼不可以」的標語，使得個人主義蔚為風潮；適逢美國越戰，故強調愛與和平，據說因而演變成性氾濫，故其道德感看在當時的倫理學家眼中，卻是道德淪喪、道德崩潰的年代；也就是說，他們破壞了原來舊有的傳統道德德目，可是卻沒有找到新的道德遵循方向。以至於在 1970-1980 年代之後，美國發起一波「道德重整運動」，主要的發起者是教會，並將之擴及全世界；對象針對一般的青少年，藉由團契向全世界宣揚道德重整的活動。麥金泰爾即是在此背景下，發行了此書，強調「德性之後我們要的到底是什麼樣的道德內涵」。

理性的論證〉文中，麥金泰爾把箭頭指向康德，他認為提出「理性批判」的康德似乎才是近代理性啟蒙運動所帶來的道德崩解的真正禍首。何以如此？我們先從康德〈答何謂啟蒙運動？〉(*Beantwortung der Frage: Was ist Aufklärung?*) 的文章內容談起。康德在該文中主張：人應有自主權，只要具備理性能力就能作為自己道德的主人。從哲學史或倫理學史的角度觀之，若沒有康德的這篇文章，人們至今仍陷溺為奴隸而聽命於上帝，正如黑格爾所言：我們把自己處在奴隸的層次，而崇拜於上帝或受限於主人。換言之，其強調每一個人都應該成為自己的主人，只要具備理性就不應受政治或宗教上的制約而失去自知之能力。不過，麥金泰爾卻以為即使理性啟蒙運動非常重要，但康德上述的主張（每個個人都能夠作為自己道德的主人）仍有可議之處，即人不受限於他物時，真的能做自己道德的主人嗎？麥金泰爾認為理性不可能作為道德的救贖者，強調每個人都需要條目式的道德規範來約制自我，但不應該是由他人告之。顯然，麥金泰爾對康德「道德哲學」所標舉的幾項原則，存著極大的疑慮。例如：康德的「普遍性原則」(the principle of universality)[64] 及「自律性原則」(the principle of autonomy)[65] 即

64「普遍性原則」指出如果道德規範是合理的，那麼它們對所有有理性的存有者都必須是一視同仁的。例如：說謊是對的→無法成為普遍的道德原則，因它只適用於特殊情境中。

> 人應有自主權，只要具備理性能力就能作為自己道德的主人。

展現著康德的道德哲學主張：理論與實踐必須同時並行，理性者會強制要求、限制自己，乃源自自我內心的發生。康德認為全部真正地表達了道德律的東西都有無條件的絕對特性，它們並不是假言地 (Hypothetical) 命令我們，而只是命令我們而已。雖然康德認為自己已找到了道德律的絕對特性——無上命令 (Categorical Imperative)：「人必須作為自我立法的理性者。」[66] 然而，麥金泰爾卻認為康德自身所做的行為，若依據此二原則來加以檢驗，卻又無法百分百地符合，這說明人並非純粹理性的動物，仍會有許多情感等非理性的因素主導著人們作出抉擇，由此觀之，康德的這套「道德哲學」是無從實現的。

若依據康德所持的「絕對特性」行事，則會合理化了許多不道德和無足輕重的道德準則，例如：「永遠保持短髮」這一準則，只要可以前後一致地被普遍化，即能通過康德這兩原則的檢驗，然若其他偽道德者也將其相同的原則運用於看似合理而內容卻不正確的行事上，那豈不糟了？因此，麥金泰爾以為：

65「自律性原則」指的是如果道德規則對所有有理性的存在物都有約束力或賦予他們義務，那麼有理性存在物遵循這種約束或義務的偶然能力必然是不重要的，重要的是他們願意履行之意志。

66 根據康德的觀點，實踐理性不運用任何外在於自身的標準，它不訴諸任何來自經驗的內容（先於經驗，與生俱來的）；而理性的本質就在於制訂普遍的、無條件的、具有內在一致性的原則。從而，合乎理性的道德所規定的原則能夠也應該被所有人遵循，並獨立於環境和條件，即能夠被每一個有理性的行為者在任何場合中前理性極有可能是自我的合理化。康德相信自己利用可普遍化的特性對絕對命令所作的表述與另一個完全不同的表述相一致：「不論對己還是對人，永遠把人作為目的，不作手段。」但在麥金泰爾看來，將理性合法化的過程其實是用非理性的原則去成立，正如賭徒合理化自己的行為一樣，使其行為看似理性其實卻是非理性的。如此一來，理性即不可能做為道德的惟一原則；而人所以為人，乃因人不是純粹理性的動物。換言之，非理性的因素才是真正主導著人們去作抉擇的關鍵；反之，若真有純粹理性的動物，那麼人就沒有現今的多樣性了，這也正是赫胥黎 (Aldous Leonard Huxley, 1894-1963)《美麗新世界》(*Brave New World*) 一書中所談的。

環視臺灣現今的教育體制幾乎已達支離破碎的地步，一般總以為這是因為主導者之「教育目的」不一致所造成的結果，例如：國民黨執政時期，以反共抗俄為教育目的，輪到民進黨執政了，又以推行愛臺灣的本土教育為首要目標，造成這一代學子的價值觀混亂，正是當前道德教育失敗之原因。然而，教育真的有其目的性嗎？在哲學思考上，教育應該是無目的的，

後一致地遵循。由此觀之，法律（啟蒙運動下的產物）賦予了法官在面對一個非理性之罪犯時，有權力可以判定其「罪刑」；換言之，康德會贊同死刑（反對自殺）。

> **教育若帶有某種目的性的話，教育本身就會淪為工具。**

因為教育若帶有某種目的性的話，教育本身就會淪為工具。從小到大，我們所接受的教育就是老師們／教育工作者把理想目標放在受教者身上，並要求受教者務必一一達至目標，但卻未必詢問過受教者真正的意願或需求。這樣的教育理念顯然並不合理，因為每個個體都是獨一無二的，其喜好或厭惡的東西也都不相同，但我們卻硬要將一樣的教育目標套在每個人身上，並要求達到一定的目標，這反倒讓教育變成了奇怪的生產輸送帶或機器了。

從萊維納斯的「他者哲學」到倫理學的考量之後，相信我們對道德、倫理應該有更深一層不同的體會與認識了。就像在學校「倫理學」的課堂上，常有一些同學告訴我，他希望能在「倫理學」這門課裡學到正確的倫理原則。但我總是反問：何謂「正確」的倫理原則呢？萬一您認為的「正確」倫理原則與另一個人的「正確」倫理原則不一樣或衝突時，又該以誰為「正確」呢？其實，我真正想告訴他的是：倫理學的思想探索精神，本就不是找到一個放諸四海而皆準的道德原則，而是從道德倫理的兩難情境中，看見他者的存在。永遠面對他者、心存他者，惟有如此，或許我們才能稍稍領略到倫理學的真正意涵吧。

“永遠面對他者、心存他者，惟有如此，才能領略到倫理學的真正意涵。”

第三篇

咖啡的
自然哲思

The Philosophy of Coffee:

Nature

3.

第五章

農人、咖啡
與自然

第六章

在咖啡中
泰然任之

第五章

農人、咖啡、與自然

從一杯咖啡的品嚐，開啟了我這趟咖啡哲學之旅。在哲學中，我重新面對了自我的孤獨，也看見了他者的存在。但是，這杯咖啡真的只是一杯咖啡而已嗎？對許多人而言，以一杯香醇的咖啡拉開一天的序幕，或是找三五好友在閒暇時刻喝咖啡聊是非，又或者是為了熬夜提神而喝咖啡……，這些都是現代人早已習以為常、再普通不過的生活罷了，但你可曾想過，我們手上的這杯咖啡是怎麼來的嗎？

咖啡農種植咖啡、採收紅色的咖啡果實、去除果肉的後製作業、產地收購咖啡豆的商人、大宗批發到分類包裝、烘豆廠的烘焙製作、然後我們就可以在大賣場或百貨公司買到可供沖煮的咖啡豆，或是隨意地走進一家咖啡店點一杯沖煮完成的咖啡飲用……。這一切看起來似乎都很平常，但事實上真的是如此嗎？在這整個產銷的過程中，其實存在著許多非常嚴重但卻不為人知的問題，是多數的咖啡客看不到，甚至是一輩子都不會發現的，那就是：咖啡作為一項經濟作物，它的商品終端售價和原物料價格的相關性卻非常低，反而是跟末段的加工成本與經營型態才有比較高度的相關。換言之，當你用 50 至 100 元的價格買一杯咖啡飲用時，這些錢中的 99.9% 可能都是付給店家的商業利潤，或是耗費在整個層層轉銷的過程裡，而僅僅只有 0.1% 的錢才是真正到了咖啡農的手裡。

第一節　頂級咖啡背後的真相

或許還有很多人不會察覺到這個問題的嚴重性。試想，如果咖啡的商品售價與咖啡農的生產所得無關或非常低相關，我們為手中這杯咖啡所付出的費用是幾乎到不了真正的生產者手中，而是被層層的商業利益所剝削殆盡，那麼，在這條咖啡的「生產－消費」鏈上，是否存在著合理、正義的商業關係呢？而且，如果真的生產者與消費者幾乎不存在任何關聯，那麼，生產者需要為他所生產的咖啡豆品質向消費者負責嗎？消費者又如何在品嚐一杯咖啡的同時，向生產者要求我們所訴諸的品質呢？一切都似乎被中間的咖啡大盤商人所壟斷了。美國一位投身於咖啡公平交易 (Fairtrade) 的人權律師狄恩．賽康 (Dean Cycon)[67] 曾在《來自咖啡產地的急件：9 個國家 X4 萬公里，一位人權律師的溯源紀實》(*Javatrekker: Dispatches from the World of Fair Trade Coffee*)[68] 一書中寫道：

> 在咖啡產業中，百分之九十九的業者不曾造訪過任何一個咖啡產地，無論他是烘焙商、中盤商還是咖啡師 (barista)。他們對於咖啡農生活的資訊，都是來自大型咖啡企業的廣告和圖像。[69]

全世界 99% 參與咖啡產業的人不曾親身拜訪過咖啡產地。許多人說得一口好咖啡經，隨手一煮便號稱是極品的耶加雪菲 (Yirgacheffe)，然而他們可能沒想過，這杯頂級昂貴的咖啡，竟是出自全世界最貧窮的農夫手裡。我們為了這杯咖啡所付出的價格，極可能是這些為我們生產豆子的人工作一整季還賺不到的金錢。在市場最糟糕的時候，咖啡生豆的價格甚至跌破農

67 狄恩．賽康原本是一位專注於原住民議題的人權律師，後來則是「狄恩豆子」(Dean's Beans) 咖啡公司的創辦人兼老闆。「狄恩豆子」位在美國麻州，是一家擁有公平貿易和有機認證的咖啡烘焙商。狄恩本人投入原住民人權運動及第三世界發展工作已達 25 年之久，他親身走訪各個咖啡產地，並成立了一個非營利組織「咖啡兒童」(Coffee Kids) 和全球第一個由烘焙商組成的「咖啡合作社」。他深信，商業不只是以營利為目的，更可以創造正向的經濟活動，為第三世界帶來社會發展和環境保護上的改善。2004 年「狄恩豆子」獲得聯合國糧食及農業組織 (FAO) 頒發的「最佳實踐認可」(Best Practices Recognition) 獎章。

68 《來自咖啡產地的急件：9 個國家 X4 萬公里，一位人權律師的溯源紀實》作者狄恩多年來走訪了全球無數

夫的生產成本，使得他們每多生產一磅的豆子，反而增加更多負債。對此，我不禁要思索：既然咖啡豆在產地是經濟價值較高的作物，且咖啡的單價也不便宜，那為什麼咖啡農們會普遍貧窮且不改種其他經濟作物來改善他們經濟狀況或是改種糧食作物來餵飽自己？是什麼原因導致他們的收入如此的低？又是什麼原因使得這些咖啡農們一再種植咖啡豆？……

這一切的疑問源自於一個簡單的答案——自由貿易下的貧窮陷阱。在現今的自由貿易體制下，表面上人人看似都擁有貿易的自由及權利，但實際上卻不盡然，因為現今的自由貿易是一種弱肉強食的體制，有錢人以金錢作為代價購買勞工，然後又以勞工的勞力換取更多的金錢，而勞工們為了生計，只能不斷出賣自身的時間與勞動力以賺取微薄的酬勞。導致全世界某些昂貴的咖啡，是產自全世界最窮的咖啡農手中這樣的結果的體制，正是現今的自由貿易制度。在自由貿易的市場上，農民看似有自由定價的權利，其實不然，真正決定農產品價格的是自由市場中那隻看不見的手，也就是供給量與需求量，而不是品質，也不是農民的勞動價值。而這樣的自由貿易市場所形成的

咖啡產地，親自去了解自己購入的咖啡豆來源，在生產的第一現場目擊各地農夫的困境，最終寫下書中9個產地的故事，彷彿在向全球消費者寄出一封封求救的急件，希望大家正視這個長久存在，但卻不公不義的貿易體系。狄恩在各地推動的公平貿易運動，不只從進口商的角度，給農夫提供更優渥的保證收購價格，也希望能透過一些回饋機制，幫助這些落後地區建立起發展必需的公共建設和社會互助功能。

69 參見《來自咖啡產地的急件：9個國家X4萬公里，一位人權律師的溯源紀實》，臺北市：臉譜，城邦文化出版，2011年初版，頁30-31。

巨大組織就是「世界貿易組織」(WTO)[70]。

第二節　世界貿易組織的困境

理論上，「世界貿易組織」的組成，是為了讓各個國家在比較利益法則下選擇最有利的生產項目，並進行國際分工，進而提高全世界的總產值，好讓各國都能享受富裕的成果。但是，在這樣的體制下，其實潛藏著糧食作物與經濟作物分工的貧窮陷阱。國內推動公平貿易運動不遺餘力的徐文彥先生[71]就曾以美國與墨西哥的例子來說明這樣的狀況：墨西哥加入北美自由貿易協議 (North American Free Trade Agreement, NAFTA) 後，墨西哥雖然得到了優勢，將所生產的咖啡豆百分之八十都銷入美國，但美國的玉米卻也得以低價進入墨西哥市場，這樣低價的糧食傾銷直接衝擊了當地玉米農的生計，曾經 1 公斤的咖啡

70「世界貿易組織」（簡稱「世貿組織」或「世貿」；英語：World Trade Organization，簡寫為 WTO；法語：Organisation Mondiale du Commerce，簡寫為 OMC）是負責監督成員經濟體之間各種貿易協議與執行的國際組織，前身是 1948 年開始實施的「關稅及貿易總協定祕書處」。世貿總部位於瑞士日內瓦，現任總幹事是帕斯卡爾．拉米 (Pascal Lamy)。截至 2013 年 3 月 2 日，世界貿易組織共有 159 個成員。世界貿易組織是多邊貿易體制的法律基礎和組織基礎，是眾多貿易協定的管理者，是各成員貿易立法的監督者，是就貿易進行談判和解決爭端的場所。已然是當代最重要的國際經濟組織之一，其成員間的貿易額占世界貿易額的絕大多數，被稱為「經濟聯合國」。

71 徐文彥先生大學時就投入社運，經常到立法院陳情協商，2005 年徐先進行後殖民研究時，發現全世界 90% 的咖啡都來自殖民地，一股反剝削的心情也油然而生，並下定決心引進公平貿易商品，2008 年創立了「生態綠」，是華人世界中第一家公平貿易特許商店，首創「喝咖啡，自由付費」的行情。

豆能夠換取 1 公斤的玉米，但隨著能源價格的飆漲，1 公斤的咖啡豆卻只能換到 0.5 公斤的玉米，而墨西哥當局又沒有能力補貼農民轉型，因此農民只能仰賴種植其他國家所需的經濟作物來換取生存機會，也就是繼續種植咖啡豆，卻又因為糧食價格被刻意壓低，因此農民只能選擇經濟價值更高的作物來種植以求生存，這麼一來，可選擇的經濟作物相對就變少，交換價值也跟著變低。從這個例子我們可以看到，對第三世界國家的農民來說，種糧食作物，量沒有工業國家來得多，價格也沒工業國家來得便宜，因此賣不出去；種咖啡豆，不能當糧食，只能外銷換取糧食，無法換得發展所需的資源，例如：水、電、醫療、教育等公共建設的資源，也就因此一直停留在貧窮的惡性循環中打轉，無法脫離。[72]

這也是為什麼自 1977 年以來「國際公平貿易標籤組織」(Fairtrade Labelling Organizations, FLO) 一直不斷地推動公平貿易運動的原因了。[73] 期望能以公平貿易來改革自由貿易，例如：要求已發展國家廢除其對國內農業的補貼，減少將農產品傾銷

72 參見徐文彥，〈跨界的實踐，給人民甜美的果實〉，載於《來自咖啡產地的急件：9 個國家 X4 萬公里，一位人權律師的溯源紀實》推薦序，頁 8-17。

73 公平貿易是 20 世紀後半崛起的國際性社會運動，相對於「自由貿易」的概念，公平貿易強調對弱勢工農、生產環境的友善關照，尤其針對未開發國家的貧窮地區，藉由保障最低收購價格、生產及銷售流程檢核認證，提供相對公平的消費方式。以咖啡為例，消費者手中每 1 美元的店頭咖啡，咖啡農大約只能收入 1 美分；目前透過 300 多個公平貿易合作社，以每磅至少 1.26 美元的價格收購，讓咖啡農的收入較傳統貿易增加 3~5 倍。公平貿易運動在 1977 年組成的「國際公平貿易標籤組織」，經過漫長的談判與整合，將 20 幾種認證標章單一化，產品遍及咖啡、茶葉、香蕉、可可、棉花、蔗糖、蜂蜜、香料、紅酒及足球……等等。據統計，在亞、非、拉丁美洲的 50 幾個國家裡，大約 150 萬個農戶或勞工因而受惠。1989 年創立的「國際公平貿易協會」(IFAT)，則負責認證全球公平貿易組織，目前約有 300 個會員組織。2005 年，全球公平貿易總額約 500 億新臺幣，年成長約 37%。

到發展中國家而打擊當地農業的情況；或是，鼓勵消費者不要參與涉及不公平貿易的消費，從而向有關生產商施壓；當然，最有有效的方法，還是直接改善咖啡產地的營運方式，成立咖啡合作社。合作社的功能就是直接進入產地，給予幫助並教導當地咖啡農如何種植或收成豆子，再向咖啡農收購豆子，經過 FLO-CERT[74] 檢驗，符合標準之後才能認證，成為公平交易咖啡豆，賣出後再將所得給予咖啡農，其中會抽取部分所得做為合作社營運的費用，如：建造水力工程、學校等民生或公共設施以提升該地區整體生活機能、知識及素質，藉由這樣生活機能、知識及素質的提昇，使當地居民能夠自給自足，進而達到永續發展，以至於擴展到全國甚至所有需要靠經濟作物來換取糧食、無法自給自足、陷在貧窮輪迴中的國家。

在狄恩・賽康的書中，我們可以很明顯地看出合作社成立前後的轉變：在衣索比亞，這個全世界第四窮的國家，有一個古老的咖啡儀式，人們圍坐成一圈，依序斟上 3 杯咖啡，第一杯稱為 abol，第二杯稱為 tonah，第三杯稱為 beraka，也就是祝福的意思，曾幾何時，這分祝福竟變得異常諷刺——從非洲最貧窮的衣索比亞、南美洲最高的安地斯山脈，到亞洲最原始

74 公平貿易認證組織 (FLO-CERT)，是全世界最大的公平貿易稽查與認證單位。FLO-CERT 是 2004 年 1 月從 Fairtrade Labelling Organizrations International 分出來的兩個組織之一（另一為國際公平貿易標籤組織）。FLO-CERT 目前接受稽核與認證的生產者組織大約有 600 個，分布於亞、非、拉丁美洲等 50 多個國家，總計約有 100 萬名勞動者在這個體系，農民與工人各半。其根據國際標準化組織 (ISO) 的規範 (ISO 65) 來進行產品認證，並且秉持非營利的目的獨立運作。

的雨林裡，咖啡農們為求生存所經歷的，沒有祝福，只有掙扎……。隨著「奧羅密亞咖啡農合作社聯盟」(Oromia Coffee Farmers Cooperative Union, OCFCU)[75] 的成立，透過增加銷售和提高衣索比亞咖啡的聲譽，衣索比亞咖啡的質量、生產力和可持續性因而提高。同時，OCFCU 也給予農民公平的價格，有 70% 的利潤回報給合作社和農民。透過收入的提升和公平貿易的補助金建造了 4 間診所和 2 座水泵，也成立 5 所小學幫助兒童接受教育以消除貧困。此外，當地咖啡農更使用了額外的收入來建立或修理房屋和購買牲畜。[76]

由此可知，公平貿易就是一種有組織的社會運動，是一個基於對話、透明及互相尊重的貿易活動夥伴關係，希望在國際商品的流動中，提供更公平的貿易條件，以及確保那些被邊緣化的勞工與生產者的權益，試圖透過與被邊緣化的生產者及勞工的緊密合作，將他們從易受傷的角色，轉化成為經濟上自給自足與安全的地位，使他們成為自己組織的利害關係人，同時在全球市場中扮演更積極的角色。顯見公平貿易運動的真正基本原則，其實就是人道與環保。

75 「奧羅密亞咖啡農合作社聯盟」成立於 1999 年，由 35 個有機認證合作社組成。OCFCU 的合作社經驗曾於 2006 年拍成紀錄片《咖非正義》(*Black Gold*)，該片在臺灣有發行版權。

76 參見註 69，頁 39-78。

第三節　平等權利的真正意涵

我也常想：是什麼樣的心情與動力，讓這些人投諸畢生的心力，為的僅僅是一些素未謀面的陌生人或是遙遠熱帶雨林中的動植物？甚至，這樣的舉動還會引起一些既得利益者的不滿與壓抑，或是招來周遭親友的異樣眼光，這需要多大的道德勇氣啊？在此，我們來看一則探討女性主義與動物權利的案例，就可以說明推動人道精神與環境概念的阻力與困難。

當今女性主義的先驅者之一沃斯通克拉夫特(Mary Wollstonecraft, 1759-1797)，在1792年出版她的女性主義名著《女權辯護》(*Vindication of the Rights of Woman*)時，各方均認為她的觀點荒唐。當時曾出現了一份匿名的文章〈為畜類權利辯護〉(*Vindication of the Rights of Brutes*)[77]，它嘲諷沃斯通克拉夫特的女性主義如果能成立的話，那麼動物權利也應該可以成立了，它的說法是：如果主張平等的論證居然對婦女成立，為什麼它對狗、貓、馬不能成立？它的推理看起來對這些「畜類」也有效，可是主張畜類有權利顯然是荒唐的，而當這樣的

77 今天我們知道這個匿名的作者，其實是劍橋大學的一位哲學教授湯馬斯．泰勒 (Thomas Taylor)。

推論應用到畜類為不正確時，那麼它在應用到女性的時候也必定不會正確，因為在這兩種情況裡，所運用的論證都是同一套論證。[78]

這個案例涉及到兩個以今日觀點來看早已不足為奇的概念——女性主義與動物權利，但在當時，我們如何看待與回應這篇匿名文章的評論呢？首先，就女性主義的部分而言，如果我們用「男女雖不同性別但同屬人類，故而應該男女平等」的理由來回應，那麼，我們大致可以從男女同屬人類的相似生理結構、理性思考、決策判斷……等各方面來證成男女平等的主張。這個說法看似有理，但對傳統父權思想的人而言，他（也可能是她）們還是可以反駁男女雖同屬人類，但生理結構、思維模式、價值判斷……等各方面卻非完全相同，如何能享有一樣的權利呢？對此，女性主義者如果堅持男女在生理結構等各方面雖不完全相同，但在相似度極高的情況下，仍可以享有相同的權利的話，那麼，就會陷入以下的困境而不自知了。

什麼困境？那就是哲學上「無窮後退」(infinite back) 的困境。相似度極高？這是一個模糊說法，那麼不同種族（例如：白種

78 參見 Peter Singer 著〈種族主義、性別歧視與動物權利〉一文，載於 *Animal Liberation*, 孟祥森、錢永祥譯，《動物解放》，臺北市：關懷生命協會，2004 年 9 月初版 3 刷。

人、黑種人、黃種人、紅種人……等）的人類相似度又如何？該讓所有不同種族的人類均享有相同的權利嗎？這對當時而言，是另一個更激進的議題了。甚至，再進一步推論，人與其他動物的相似度又如何呢？根據現代醫學報導，人類與黑猩猩的 DNA 差異不過 2%，這算是高相似度嗎？依此而論，所有動物甚至植物與人類的相似度又如何呢？該讓所有的生命體享有一樣的權利嗎？這也是泰勒在這篇匿名文章中用來反駁沃斯通克拉夫特的論證關鍵，因此用前述方式來回應泰勒的批評，其實是不夠的。

那麼，我們應該如何回應呢？或許有人會認為，平等權利的議題，本就是一個極為難解的哲學問題，解決了男女平等問題，那麼人類種族平等呢？解決了人類種族平等，那麼物種平等呢？……所以，所謂的平等權利的議題，其實是信念的問題。極端而論，你如果不相信平等權利，那麼所有的個體都是獨一無二的存在者，個體與個體之間不可能完全相同，因此也不可能享有完全平等的權利；相反地，如果你堅信平等權利，那麼，所有的個體雖不可能完全相同，但都仍應平等視之。因此，平等與否？端看你所站的立場與角度。

第四節　平等問題的終極辯證

就這樣？這樣就解決了這個平等問題？不，當然不是。試想，若此平等是指生命的基本生存權利，那麼所有的生命不都應該平等嗎？（否則我們不就可以任意宰制其他生命的生存了嗎？）但若此平等是指完全相同的權利，包括投票權、決策權……等，那麼真的應該讓所有的生命都平等嗎？（果真如此，以後各項重要選舉的場合，我們不就也該開放各種動物來投票嗎？）以下，我再從動物權利的議題入手，重新再討論一次這個平等權利的問題。

人類與其他動物之間，誠然有非常重大的差異，這些差異也應該會使兩類生物擁有的權利有所不同，可是承認這件明顯的事實，並不足以妨礙我們主張把平等之基本原則延伸到人以外的動物身上。如同男人與女人之間的差異是不容否認的，女性主義的支持者，當然也清楚這些差異會造成權利的不同。例如：許多女性主義者主張，女人有權利自行決定要不要墮胎，可是我們並不能因此也支持男人有墮胎的權利。既然男人不可能墮胎，談他們墮胎的權利是沒有意義的，同理，既然動物不可能投票，談他們投票的權利也是沒有意義的。

綜合前面的討論，我想應該可以得出一個結論：把平等的基本原則從一個體延伸推廣到另一個體，並不代表我們必須要用完全一樣的方式對待這兩個體，或者是給予兩個體完全一樣的權利，因為這兩個體並不必然完全相同。所以，平等的基本原則所要求的，其實並不是平等的或者一樣的待遇 (treatment)，而是平等的考慮 (consideration)，對不同的生命運用平等的考慮，所產生的待遇方式以及權利可能就不一樣了。由此可見，針對泰勒藉由「畜類」來醜化婦女權利主張的企圖，我們可以有另外一種回應的方法，即毋須否定人類與動物（或非人類）之間顯然的差異，而是更深入思考平等這個問題。最後我們會發現，肯定平等的基本原則對所謂的「畜類」也一樣可以成立，毫無荒謬之處，更無醜化之嫌。因為，當我們考慮他們的利益時，我們的確會視對象的不同，而給不同的待遇與對待方式（例如：對於成長中的兒童，我們考慮的是他們健康的身體與人格的淬煉，因此我們會給予他們營養並教導他們知識；而對於家畜的關懷，我們考慮的則是讓牠們與同伴在一個食物適足、活動空間寬敞的環境裡生活），但就考慮與關懷本身而言，卻是一樣的。這就是平等的原則，對當事者的利益有所考慮，無論他是黑與白、男與女、或者人類與非人類。

讀者讀到這裡，也許會覺得這樣一個結論有點古怪，可是如果細察我們對於種族歧視、性別歧視的反對，深入探討反對立場的最終依據，我們會發現，假如我們追求黑人、婦女、以及其他受壓迫人類個體的平等，卻拒絕對動物（或非人類）給予平等的考慮，那我們的立場就會站不住腳了。因此，這個平等原則的一項自然引申，就是我們對「他者」的關懷，這個「他者」不僅指其他人類，也應指其他非人類，甚至是整個自然生態。

上述這個案例，雖然是 18 世紀末的事情了，但是從今日的眼光來看，有些議題仍然是我們必須持續地以嚴肅的心態來面對的。因為性別、種族的平等，雖然在 21 世紀的現代，已經獲得了普遍接受，但動物、自然的平等，卻仍有一段長路要走。

第五節　「行為的基本法則」的介紹

當代推動環境倫理的學者泰勒 (Paul W. Taylor) 曾在《尊重自然》(*Respect for Nature*) 書中提出尊重自然的態度，至少應先具備兩個基本概念：一是任何生物都具有其自身的長處，二是每一個生物都具有其天賦的價值。泰勒正是建立在這兩個基本概念上，認為：任何野生生物都具有天賦價值，這是由於牠們都是生物群落的成員，每個野生生物，不論是植物或動物，都具有同等地位做為道德受體 (moral object)，接受道德者的尊重，因此，尊重自然的終極目標就是增進每個野生生物的好處。泰勒更進一步為自然環境提出一套倫理學觀點，它包含了兩個原理：一是「行為的基本法則」(the basic rules of conduct)，二是「優先權原理」(priority principles)。

我們先來看看「行為的基本法則」。泰勒認為有 4 項行為的基本法則：「不傷害法則」(the rule of nonmaleficence)、「不騷擾法則」(the rule of noninterference)、「誠信法則」(the rule of fidelity)、以及「補償性公正法則」(the rule of restitutive

> 對當事者的利益有所考慮就是平等的原則。

justice)。例如：關懷自然生物的福祉，並且不傷害牠們，即屬於不傷害法則；尊重野生生物及自然生態系，不干擾及破壞自然生物的自由，並對各種物種沒有偏見，若各物種間產生衝突時，採取中立立場，此即不騷擾法則；當然，不會用欺騙、欺詐的方法對待自然生物以謀取不當的商業利益，即屬於誠信法則；針對人類錯誤行為下所造成的自然生態失衡，會採取公平的態度對待各種自然生物來補償，就是補償性公正法則。而且，泰勒還指出，當這 4 項行為法則之間有衝突時，它們的優先順位考量是：不傷害法則＞補償性公正法則＞誠信法則＞不騷擾法則。

為何上述這 4 項的行為法則有其考量的優先順序呢？這就涉及到泰勒的「優先權原理」。泰勒認為考量行為法則的優先權，必須建立在對「利益」的認知上，強調有 2 種利益是必須加以區別的：一是基本利益 (basic interest)，指生物體為維持和發展所需要的各種條件，例如：生存、安全、自主和自由等；二是非基本利益 (non-basic interest)，則指除上述基本利益之外的各項利益。當然，前者為各種生物生存之所必需，不論是人類或野生生物，均應予以最高的尊重；但後者則指在基本利益之外，額外所欲取得的利益，如果這額外取得之利益並不傷害野生生物或破壞自然，則當屬與自然相容的態度 (intrinsically compatible with attitude of respect for nature)，但若這額外的利益來自於否定野生生物的天賦價值，並將其視為謀取利益的工具（例如：捕殺野生生物、開採山林等），則就是與自然不相容的態度 (intrinsically incompatible with attitude of respect for nature)。由此而知，論及環境倫理時，必然面對人類與非人類間權益衝突問題，為此，泰勒提出5個優先權原理：自衛原理 (the principle of self-defense)、比例原理 (the principle of proportionality)、最少錯誤原理 (the principle of minimum wrong)、分布性公正原理 (the principle of distributive justice)、補償性公正原理 (the principle of restitutive justice)。而且，其重要性依序遞減，所以自衛原理為最優先考量原則。例如：當人類在生命遭到威脅時，在自衛原則下是可以捕殺野生生物，這就是基本利益的概念了。

當然，我們仍可以檢視泰勒的倫理學體系是否合理？時至今日，有關動物權利議題的探討，隨著當代環境倫理或生態保育的影響而有所不同，主要的派別有三：一是人類中心主義 (anthropocentric ethics)，認為道德原則為人類的內在價值，其他自然萬物則為人類使用的工具價值；二是生命中心倫理 (biocentric ethics)，主張凡具生命的個體均應給予平等尊重與道德考量；三是生態中心倫理 (ecocentric ethics)，認為生態系內的自然萬物均有其內在價值而處於整體的平衡狀態。雖然理論內涵各異，但對動物權的看法，卻均持肯定的立場，從而也衍生出 4 種保護動物的原則依據，依保護動物由弱而強的程度分別是：一是審慎理論：保護動物對人類有利。二是仁慈理論：對動物麻木不仁和殘酷是人性發育不完整的表現。三是動物解放理論：感受苦樂的能力是擁有利益、及具有道德關懷的先決條件，而動物也擁有感覺能力，因而也適用道德關懷。四是動物權理論：動物也是權利的擁有者，人類無權將牠們視為工具。

第六節　動物權迷思的辯證

有趣的是，上述無論是哪一種倫理觀點，似乎都預設了某一立場來看待動物權，倘若該立場的立論基礎消失了，是否就代表著該倫理觀點也將失效了呢？所以，我以為上述 3 種倫理觀點，其實均各自存在著某一程度的動物權迷思。

首先是人類中心主義。立基於此觀點的動物權論爭，不論是支持或反對動物權，我們都將發現：他們都是以人類為中心的思維模式。例如：懷特 (Robert White) 醫生在〈支持動物實驗的主張〉一文中，他並不論證人類是否有較高價值，而將之視為理所當然。他提供了幾個經由動物實驗而獲得的有價值的知識、並使醫藥科學得以治療疾病及增進生活品質的例子（例如：酵素、人工臀部、鐵肺、沙克疫苗、豬皮移植、愛滋病、輸血、活體解剖……等）。[79] 其人類中心主義顯而易見。不過，這並不代表支持動物權的人士就必定不是人類中心觀點。例如：哲學家康德就曾在〈對動物我們只有間接的義務〉文中提到：動物沒有人格，因為它們不是理性、自覺的存有，不能夠

---

79 參見 Robert White(1989), *Beastly Questions*, Hastings Center Report.，轉引自 Pojman 編著，張忠宏等譯，《為動物說話：動物權的爭議．支持動物實驗的主張》，臺北市：桂冠，1997 年初版，頁 87-94。

把握道德律則。由於牠們不是道德立法王國的一員，所以我們不對牠們負有任何義務。但是我們應該善待牠們，因為那有助於培養善良的個性，使我們對自己人類同伴能更體貼溫厚。換句話說，我們對動物所負的義務只是我們對其他人類所負的間接義務而已。因此他認為，動物不是自覺的，牠們只是為了達到某個目的而存在的手段。這一個目的就是人。我們可以問：「動物為什麼存在？」但若問：「為什麼有人存在？」則是一個無意義的問題。我們對動物所負的義務只是對人所負的間接義務。[80] 對康德而言，具有內在價值的人，本身即是目的而非工具。因此，人具有內在價值，故而具有自由意志，而動物沒有內在價值，故而不具自由意志。如此一來，是否落入人類中心義而不自知呢？因為，我們仍可以問：如果人類之異於動物，是由於其理性及自由意志，那麼若當一個人失去了理性及自由意志時，他就不再是人而是動物了——是這樣嗎？

其次是生命中心倫理。尊重每一個生命個體，是該倫理觀點的主張，因此多見於支持動物權的學者主張。但是此一生命中心的倫理觀

> **動物為什麼存在？**

80 見上註，頁 23-26。

點卻又因效益論 (Utilitarianism) 與義務論 (Deontology) 的不同而有歧義。例如：以效益論的動物權主張著名的澳洲學者辛格就認為：如果一個存有物會受苦，則拒絕考量它的受苦沒有道德上的正當理由。不管該存有物的本性為何，平等原則要求它的受苦該和任何其他存有物的類似受苦做平等的考察——只要能做粗略的比較。如果一個存有物沒有能力經受困苦、或沒有能力經驗享樂或幸福，則沒有什麼事該被考量。他甚至建議做一個心靈實驗：假定已證明平均或常態上，兩個不同種族（如：白人和黑人）間的智商有著落差，然後在所引用的段落中，以「人」這個詞來代替「白人」，以「狗」這個詞來代替「黑人」，以「高智商」來代替「合理性」，最後將「種族」改為「物種」。現在，再讀任何一篇有關種族歧視的文章，我們將會發現：所有白人對黑人的不平等待遇，都完全可以移植到人類對動物的方式。[81] 不過，若依辛格的論證模式，我們將上述的「狗」一詞改為「花草」，甚至改為「石頭」，如此一來，會不會陷入一種無止盡的推衍？顯見辛格論證的重點係將動物與

> **“如果一個存有物會受苦，則拒絕考量它的受苦沒有道德上的正當理由。”**

81 參見 Peter Singer,〈所有的動物都是平等〉，轉引自《為動物說話：動物權的爭議》，頁 27-47。

人類一視同仁地看作生命，因而認為動物不應接受差別的待遇，但若換成植物或其他非生命物質，則其論證雖看似有效卻會產生倫理學上的吊詭。

至於義務論的觀點，我們可以雷根 (Tom Regan) 的〈關於動物權的激進平等主張〉為例。雷根認為動物確實缺乏很多人類所擁有的能力，它們不能讀、不能解高等數學題目、……。然而，也有許多人類不會做這些事（如：上述的讀、寫、算），而我們並不會也不該就說這些人比其他人擁有較少的天賦價值、或更少的被尊重的權利。真正關鍵的基本相似性只是：我們每個人都是正在體驗生命的主體，我們每個具有意識的生物都有其個別的福祉，即不論我們對他人的用處如何，我們對於我們自有其重要性。我們會想要偏愛某些事物、會相信或感覺某些事物、會回憶或期待某些事物，所有這些生活的面向，包括我們的快樂與痛苦、歡樂與苦難、滿足與挫折、繼續活下去或突然暴斃……，所有這些都使得我們感覺活著，而被每個人所經驗到的生活都將會變得不一樣。這些對於那些與我有關的動物來講是一樣的，牠們也必須被看成具有牠們自己的天賦價值、正在經驗生活的主體。[82] 但是，人類果真擁有天賦的自主

82 參見 Tom Regan,〈關於動物權的激進平等主張〉，轉引自《為動物說話：動物權的爭議》，頁 69-86。

權，那麼動物呢？那些生命中心主義者或提倡天賦權利的學者們，何以認定真的有天賦的價值、權利、生命主體、平等……這些數千年來不斷困擾著哲學家的議題，何以到這裡就該無條件接受呢？面對天賦生命權利的哲學議題，雷根最後說：「動物的命在我們的手上，上帝賦予我們一樣平等的能力去面對這項工作。」[83] 果然，雷根最後訴諸於上帝，因為他無法證成上述的哲學問題。

“動物的命在我們的手上，上帝賦予我們一樣平等的能力去面對這項工作。”

最後是生態中心倫理。係以為自然萬物均有其內在價值而處於整體的平衡狀態，關鍵在於平衡與和諧的相處之道，因此主張人類必須以各種動物的內在價值為依據，發展出人類與其相處的平衡模式，這也是前述的生態學者泰勒的基本主張。這個倫理觀點在本質上有其道理，但細觀其內容卻發現處處可見妥協的中間路線作法，例如：泰勒所提出的優先權原則。為何如此？我們以華倫 (Mary Anne Warren) 在〈強動物權立場的困難〉為例，她重構雷根的動物權論證，並且批評它建立在荒謬的天賦價值

83 同上註，頁 86。

觀念上。她認為，所有的理性人都同樣是道德社群裡的一分子，儘管我們不能了解動物，卻能夠與他人一起了解我們的行為。因此，她提出「弱動物權」(weak animal rights theory) 的概念，主張我們不能在沒有更好的理由時，殘酷對待動物或殺害牠們。她認為：如果我們根本沒有準備接受大多數的動物與我們有一樣的道德權利，為什麼我們還要談論動物權呢？所謂的「強動物權」立場似乎只是大膽的主張：動物擁有與我們一樣的基本道德權利（指雷根的權利觀點）。[84] 在此，華倫自承她的「弱動物權」係一妥協產物。由此細觀其弱動物道德理論主張：(1) 任何其自然生命模式，包括那些僅追逐某些特定滿足感（如：狩獵或求偶本能）的生物，都應有權利不被剝奪此一追求機會地活下去；(2) 任何可以感受到疼痛、苦難或挫折的動物，除非有迫不得已的理由，都有權要求這些經驗不是被故意地加在身上；(3) 沒有任何一個存在者在缺乏好的理由下，應當被殺害。[85] 我們發現，華倫仍然沒有為這套妥協產物進行任何哲學上的論證。為何會這樣呢？問題出在平衡與和諧的目標雖佳，但其原始源頭為何，卻甚少有人思及之。

由是觀之，過去對於動物權利的論爭關鍵，其實在於將人與

84 參見 Mary Anne Warren(1987), *Between the Species*, Vol.2, no.4. 轉引自《為動物說話：動物權的爭議．強動物權立場的困難》，頁 124。

85 同上註，頁 126。

動物二分，故而產生了人對動物的責任與義務、動物對人的關係與影響……等議題。但是，我們真的只能從這樣的角度來看待動物、看待植物、看待自然界中的萬事萬物嗎？我常想：是不是人類將自己看得太重要了，以至於無論看待任何事物，總是會不自覺把「人」這個角色，獨立於所看待或探討的事物範圍之外？我們為什麼不能從另一個角度來省察，如同我們在上一篇中所討論過的議題：人是否可以透過棄絕自身以彰顯他者的存在呢？或者，更進一步，透過棄絕人類以及動物各自為其主體的觀點，從而進入萬物本有的境界來看待一切「他者」（此時的人類也成為了「他者」的一部分）存在的真義。

第七節　天地萬物與美的連結

海德格爾晚年將哲學思考轉向詩意，尤其是透過荷爾德林 (Friedrich Hölderlin) 的詩作，將「此在」的意涵展開為漫遊者、異鄉者及返鄉者，他闡釋每一個人其實都是「他者」，不斷追索自身存在的價值與意義，反而離開最本己的自我更遠。

他認為我們必須放棄對自身的追索，而返歸語言之本源處，才能聆聽到自然大道的言說。後來，海德格爾提出「四方域」（das Geviert，或譯「四重整體」）一詞，成為他晚年關於存在的思索中一個關鍵語詞，其詳細說明大概是在 1949-1951 年間的 3 篇公開演講中：一是 1950 年 6 月 6 日的演講〈物〉，海德格爾從壺之為物開始，談到虛空、傾注、贈品與集聚，而提出天、地、神、人（終有一死者）四方均是拋棄自身以反映其他三者的存在而能開顯自身的「四方域」，是為一環化 (das Gering) 的「映射遊戲」的圓舞；二是 1950 年 10 月 7 日的演講〈語言〉，海德格爾談終有一死者在傾聽大道的言說中，以作詩的方式來應合；三是 1951 年 8 月 5 日的演講〈築、居、思〉，海德格爾則從橋之為物，談到聚集、保護、謝恩，而重申天、地、神、人的「四方域」。

> **人類將自己看得太重要，以至於無論看待任何事物，總會不自覺把「人」這個角色，獨立於所看待或探討的事物範圍之外。**

海德格爾曾在〈藝術作品的本源〉[86] 演講稿中，以梵谷

86 參見 Martin Heidegger 著 (1935)，孫周興譯 (2004)，〈藝術作品的本源〉，收錄於 Martin Heidegger (1935/1936), *Holzwege*, Vittorio Klostermann, Frankfurt am Main, 1994. 本書根據德國維多里奧．克勞斯特曼出版社 1994 年第七版譯出，孫周興譯 (2004)，《林中路》，上海市：上海譯文出版社，2005 年第一版第 2 次印刷。本文最初是在 1935 年 11 月 13 日在弗萊堡藝術科學協會，應大學學生會之邀的演講，後在 1936 年 1 月於蘇黎世重講。本文內容主要依 1936 年 11 日 17 日、11 月 24 日和 12 月 4 日在法蘭克福自由德國主教教堂 (Frankfurt Cathedral) 議事會上的演講。

(Vincent Willem van Gogh, 1853-1890) 的一幅農鞋的油畫為例，說明藝術作品的本質為何。海德格爾說：梵谷多次畫過這種鞋具，但鞋具有什麼看頭呢？人人都知道鞋是什麼東西，這種器具是用來裹腳的。鞋或用於田間勞動，或用於翩翩起舞，根據不同的有用性，它們的質料和形式也不同。但此類正確的說明只是解說了我們已經知道的事情而已，即器具的器具存在就在於它的有用性。可是，這種有用性本身的情形又怎樣呢？我們已經用有用性來把握器具之器具因素了嗎？例如：田間農婦穿著鞋子。只有在這裡，鞋才成其所是。農婦在勞動時對鞋思量愈少，或者觀看得愈少，甚至感覺得愈少，它們就愈是真實地成其所是。農婦穿著鞋站著或者行走，鞋子就這樣現實地發揮用途。必定是在這樣的器具使用過程中，我們真正遇到了器具因素。但是，鞋子一定要在使用過程中才能彰顯其真正的器具因素嗎？如果我們僅僅想像一雙鞋，甚至在圖像觀看這雙只是擺在那裡而無人使用的鞋，那我們會無法經驗到器具的器具存在實際上是什麼嗎？根

> **“每一個人其實都是「他者」，不斷追索自身存在的價值與意義，反而離開最本己的自我更遠。”**

據梵谷的畫，人們甚至不能確定這雙鞋放在哪裡以及它們屬於誰。這雙農鞋可能的用處和歸屬毫無透露，只是一個不確定的空間而已。上面甚至連田地裡或者田野小路上的泥漿也沒有沾帶一點，後者本來至少可以暗示出這雙農鞋的用途。只是一雙農鞋，此外無他。然而──從鞋具磨損的內部那黑洞洞的敞口中，凝聚著勞動步履的艱辛。這硬邦邦、沉甸甸的破舊鞋裡，聚積著那在寒風料峭中一望無際而永遠單調的田壟上邁動的步履的堅韌和滯緩。暮色降臨，這雙鞋底在田野小徑上踽踽而行。在這鞋具裡，回響著大地無聲的召喚，顯示著大地對成熟穀物的寧靜饋贈，表徵著大地在冬閒的荒蕪田野裡朦朧的冬眠。這器具透露著對麵包的穩靠性，以及那戰勝了貧困的無言喜悅，隱含著分娩陣痛時的哆嗦，死亡逼近時的戰慄。這器具屬於大地 (Erde)，它在農婦的世界 (Welt) 裡得到保存。正是由於這種保存的歸屬關係，器具本身才得以出現而得以自持。暮色黃昏，農婦在滯重而健康的疲憊中脫下鞋子；晨曦初露，農婦又把手伸向它們；或者在節日裡，農婦把它們棄於一旁。每當此時，未經觀察和打量，農婦就知道那一切。[87] 由是而知，雖然器具的器具存在就在其有用性中，但這種有用性本身又植根於器具的一種本質性存在的豐富性中，海德格爾稱之可靠性

87 見上註《林中路》，頁 17-19。

(Verläβlichkeit)。借助於這種可靠性，農婦才對自己的世界有了把握。世界和大地為她而在此，也為與她相隨以她的方式存在的人們而在此，只是這樣在此存在：就在這個名之為農鞋的器具中，開展出所有存在的可能。

海德格爾在這個農鞋的例子中所要告訴我們的，正是以生命的實踐來切近大地、切近天空、切近自然、切近我們生活中的一切。一雙農鞋因其切近大地而有了無限的可能性，更何況是人這個存在者呢？通過觀賞梵谷的一幅畫，這幅畫道出了一切。走近這個作品，我們突然進入了另一個天地，其況味全然不同於我們慣常的存在。梵谷的油畫揭開了這個器具——即一雙農鞋實際是什麼。這個存在者進入它的存在之無蔽之中。在作品中，要是存在者是什麼和存在者是如何被開啟出來，也就有了作品中的真理的發生。在藝術作品中，存在者之真理已經自行設置入作品中了。在這裡，「設置」(Setzen)說的是：帶向持立。一個存在者，一雙農鞋，在作品中走進了它的存在的光亮中。存在者之存在進入其閃耀的恆定中了。那麼，藝術的本質或許就是：存在者的真理自行設置入作品。因此，只要它是一件藝術作品，那麼在這件藝術作品中，真理已經設置入其中了。[88]

88 同上註，頁 20-22。

這樣的結果似乎頗出人意外，因為大多數的人們都一直認為藝術是美的東西或與美有關的，而與真理毫不相干。產生這類作品的藝術，亦被稱美的藝術，以區別於生產器具的手工藝。在美的藝術中，並不是說藝術就是美的，它之所以被稱作是美的，是因為它產生美。相反，真理歸於邏輯，而美留給了美學。[89] 但是，海德格爾認為並非如此，而應是：美是真理的彰顯，是對物的普遍本質的再現。換言之，藝術作品以自己的方式開啟存在者之存在。在作品中發生著這樣一種開啟，也即解蔽(Entbergen)，也就是存在者之真理。在藝術作品中，存在者真理自行設置入作品中了。換言之，藝術就是真理自行設置入的作品。

> **“藝術就是真理自行設置入的作品。”**

海德格爾的這篇演講，從藝術思索作品，再從作品思索物，再從物思索器具，最後從梵谷的一幅農鞋的油畫中，思考到了器具的器具存在就在其有用性中，而這種有用性又根植於器具的一種本質性存在的豐富性中，我們稱之可靠性

89 同前註，頁 21。

(Verläβlichkeit)。如此一來，這個存在者進入它的存在之無蔽之中，即真理。在作品中，要是存在者是什麼和存在者是如何被開啟出來，也就有了作品中真理的發生。在藝術作品中，存在者之真理已經自行設置入作品中了。在這裡，「設置」說的是：帶向持立。一個存在者，一雙農鞋，在作品中走進了它的存在的光亮中。存在者之存在進入其閃耀的恆定中了。那麼，藝術的本質或許就是：存在者的真理自行設置入作品。

“真理歸於邏輯，而美留給了美學。”

從海德格爾整個思路歷程中，我們看到人與天地萬有的關係，實不能作二分法的割裂。人必須棄絕自身的存有，透過其他天、地、神三者的呈現，而後才能切近到大道言說之境，與萬物之存有融合為一。當代自然環境保育的論爭之關鍵正植基於此。由於多數學者仍在人類與自然二分的思維中探討動物權或其他自然環境的議題，以致無法跳躍至大道存有之境，去聆聽天地萬有的言說，故而無法再真正思索人與自然實則為一的本質。這也正是莊子所說「人皆知有用之用，而莫知無用之用也」（《莊子・人間世第四》）的道理。此外，道家認為道之創造，並非出於意志，亦不含有目的，只是不知其然而然的創造的主張：「我無為，人自化；我好靜，人自正；我無事，人自富；我無欲，人自朴。」（《老子・五十七章》）。但是，這並不表示人與自然之間沒有任何關係。道家最重視人與自然的聯繫，老子認為域中有四大：「道大、天大、地大、王亦大。」（《老子・二十五章》）主張「人法地，地法天，天法道，道法自然」（《老子・二十五章》），要求人們從整體上把握人與宇宙自然諸要素的連結。

中國詩人屈原曾在〈天問〉中提出對天地萬物的疑問：

遂古之初，誰傳道之？上下未形，何由考之？
冥昭瞢闇，誰能極之？馮翼惟象，何以識之？
明明闇闇，惟時何為？陰陽三合，何本何化？
圜則九重，孰營度之？惟茲何功，孰初作之？
斡維焉繫？天極焉加？八柱何當？東南何虧？
九天之際，安放安屬？隅隈多有，誰知其數？
天何所沓？十二焉分？日月安屬？列星安陳？

雖然我們並不知道這個疑問最終是否有解答，但是可以確定的是，科學家與哲學家仍會在這條追尋「道」的「道」路上不斷地探問與摸索。或許透過對道家思想的闡衍，說明了自然之道並不是恆常靜態的法則或定律，它更可能是一個動態辯證的過程。因此，順應「道」而行事乃非強力宰制的過程，它說明的是柔弱勝剛強的道理。中國道家的這一思路經常被提出與晚期海德格爾所鼓吹的「泰然任之」(Gelassenheit)[90] 比較，海德格爾就曾對中國道家的「道」(Tao) 加以說明：

> 老子的詩意運思的引導詞語叫做「道」，「根本上」就意味著道路。但由於人們太容易僅僅從表面上把道路設想為連接兩位位置的路段，所以，人們就倉促地認為我們的「道路」一詞是不適合於命名「道」所道說的東西。因此，人們把「道」翻譯為理性、精神、理由、意義、邏各斯 (Logos) 等。[91]

90 海德格爾從特拉克爾 (Trakl) 詩歌的闡釋，尤其〈詞語〉的最後一節：「我於是哀傷地學會了棄絕：語詞破碎處，無物可存在」談語言與物的關係，強調終有一死者傾聽大道的道說，而提出「泰然任之」的主張。所以，在 1957 年 12 月 4 日的演講〈語言的本質〉，海德格爾從「我於是哀傷地學會了棄絕：語詞破碎處，無物可存在」談語言的本質，再轉變為本質的語言乃無聲地召喚而聚集世界的道說，是為天、地、神、人「四方域」的切近開闢道路的寂靜之音，並說明語言之無名、物之無名、存在之無名，首倡「道即道路」的主張，與終有一死者的泰然任之。然後他在 1958 年 3 月 11 日的演講〈詞語〉，從「我於是哀傷地學會了棄絕：語詞破碎處，無物可存在」說明傾聽大道言說的回歸。最後，他在 1959 年 1 月 25 日的演講〈通向語言的途中〉，把語言帶到語言本源之處，終有一死者的傾聽。

91 參見 Martin Heidegger 著 (1957)，孫周興譯 (2004)，〈語言的本質〉，收錄於 Martin Heidegger(1959), *Unterwegs Zur Sprache*, Achte Auflage 1986, Verlag Günther Neske Pfullingen 1959, der Gesamtausgabe: Verleg Vittorio

故而所謂的「自然之道」，或許必須在「常有」與「常無」之間不斷地辯證過程中，才有找尋道之真義的可能性。正如曾昭旭在《在說與不說之間——中國義理學之思維與實踐》書中所提倡的「兩端一致論」[92]，他認為任何走極端的理論或學派，終究是會在自我封閉中因僵化而衰亡。這也是我嘗試在本章中，從咖啡農的經驗困境談到自然保育概念的核心想法，希望能提供給當代的科學技術、經濟活動、多元文化、自然生態等重要議題作為未來思索，那就是：道 (rule) 在道 (road) 中。

“道 (rule) 在道 (road) 中。”

Klostermann Gmbh, Frankfurt am Main 1985. 本書根據德國納斯克出版社 1986 年第 8 版譯出，根據維多里奧・克勞斯特曼出版社 1985 年全集版修訂，孫周興譯 (2004)，《在通向語言的途中》，北京市：商務印書館，1997 年 4 月第 1 版，2004 年 9 月修訂譯本，頁 191。

92 曾昭旭認為科學與人文之間的區分是漸次形成的：自然科學—社會科學—人文精神。他主張科學與人文乃在各漸層中均有其作用，只是愈左邊則科學愈盛、人文愈弱；反之，愈右邊則人文愈盛、科學愈弱。若以學科排序之，則可為：物理—化學—生物學—心理學—人類學—社會學—歷史—文學—藝術—宗教。其中物理、化學可謂純自然科學，依次向右則科學性遞減，至社會學尚可稱之為科學（即社會科學），乃至歷史則介於科學與人文各半的平衡點，再向右便是人文優於科學，最右的藝術、宗教更是純人文精神的表現。顯然，曾昭旭是欲以此模型來說明西洋與中國文化似乎便是在此漸層的二端，可是卻又非完全極端化，只是各有所重而已，甚至究其根源乃同出於一。

第六章

在咖啡中泰然任之

曾經有一次與自然相遇的經驗。那是在一個不寐的清晨裡，從電腦的螢幕上，鍵進了最後的一行文字，在伸了一個長長的懶腰後，奮然地推開鍵盤，走出研究室的門。站在門口，只見偌大的走廊上空無一人，甩甩頭想讓頭腦稍微清醒一些，但心境上似乎尚停留在上一刻鐘忙著與國科會的計畫奮戰的場景。端起桌上那杯早已放涼的咖啡，隨興地走上頂樓陽臺。就在我走出陽臺的那一時間，迎面而來一陣清晨特有的微風，那不帶一絲塵囂氣息的清風拂面而來，頓覺身心都得到了舒解。閉上雙眼，我細細地體會這清晨特有的寧靜。不遠處的鳥鳴與樹梢新葉的摩搓聲，伴著徐徐而來的清風低吟，使我體會到真正的寧靜並非全然的寂靜無聲，而是來自那分遠離世俗、貼近大自然的心境。

慢慢地張開雙眼，一入眼中的就是青翠的山峰與山稜上緩緩

> **人法地，地法天，天法道，道法自然。**

飄動的白雲，再一抬頭望向那無垠的天空深處，我突然明白了為何命運會讓我從臺南來到南華的原因。原來它那特有的靈秀之氣，竟是這般地沁人心脾，只覺胸臆之間再也容不下任何抑鬱之氣。再次閉上眼睛，我細細地品味著這寧靜無人但又熱鬧非凡的山間一隅。逐漸地，我感到四肢毛孔的敏銳度似乎也活絡起來，只感到那清晨微涼的輕風，有如一雙無形的手，正撫觸著我的頭髮，它的指間貼著我的臉頰，從我耳後穿過，輕輕地繞過頸項，鼓動著我的衣袖，飄飄然有出塵之致，渾然忘了身置何地。這樣突如其來的感覺，使我全身毛髮似乎都豎了起來，而毛孔下的神經與肌肉，就這麼處於似鬆非鬆、似緊非緊的奇特狀態。「這真是我以往不曾有過的奇妙經驗啊！」就在我意識到這奇妙狀態的同時，所有的感覺卻如朝露般突然消失，這「忘我」的境界竟是如此難以久存，可惜啊！可惜！

第一節　因為未知而恐懼

這樣的經驗雖不多見，但每次與自然的偶遇，那分泰然自若的心境總是能令我感動莫名。不過，我既然作為凡人，總是會被人世間的其他俗務所擾，無法輕易進入與體會自然所要告訴我們的境界，不說別的，就以上一章的「血汗咖啡」為例，我真的能以愉悅的心情來品嚐這杯不公義的咖啡，而沾沾自喜於自己對咖啡的品味嗎？說真的，人世間不公平、不正義的事情實在太多了，若要一一嚴肅面對，我們如何能泰然自若？再者，在多半的時候，自然以它那獨有而不被世人理解的方式照看著世人，而反而會被世人視為無情的反撲（如：臺灣 921 大地震、日本 311 海嘯），這時的我，又該以怎樣的心態來面對自然呢？

「就算最後的結果還是一樣，但是我們不能完全沒有作為！」

西漢思想家兼文學家賈誼曾在〈鵩鳥賦〉中曾寫下一段文字：「且夫天地為爐兮，造化為工；陰陽為炭兮，萬物為銅。」意思是整個天地就像一個大洪爐，造物主就是它的工匠，祂以陰陽變化作為炭火，對世間的萬物進行冶銅般的淬煉。試想，銅鐵若是有知覺，也必然在這煉獄般的洪爐內，不斷地被煎熬與鍛煉，何況是自然中的所有生命體？更不消說，作為思想的主體者（人類堪可作為代表）又是如何痛苦地在磨難中掙扎與翻騰？面對自然萬物的瞬息萬變，面對世間人事的詭譎複雜，面對茫然不知所措的未知領域……，我們除了無奈地靜置於這巨大的洪爐中嘆息之外，我們還能做些什麼呢？

隨著本書即將進入尾聲，我在不斷地思索中，逐漸有了一個模糊的答案，那就是老子在《道德經．第五章》中所提到的一段話：

> 天地不仁，以萬物為芻狗；聖人不仁，以百姓為芻狗。天地之間，其猶橐籥乎！虛而不屈，動而愈出。多言數窮，不如守中。

天地與聖人不仁，視世間萬物為芻狗。許多人誤解這句話，以為天地與聖人都很殘忍與冷酷，把世間萬物都當成了草芥與畜牲，尤其每當巨大天災席捲而來時，更常聽到人們引用老子「天地不仁，以萬物為芻狗」這句話，藉此譴責上天的不仁慈，他們的理解大概就是：「天老爺，您真不仁，竟然如此糟踐百姓！」其實這並不是老子的原意。根據王弼對這老子這段話的注釋，我想可以讓我們更能體會到老子的真正意涵：

> 天地任自然，無為無造，萬物自相治理，故不仁也。仁者必造立施化，有恩有為。造立施化，則物失其真。有恩有為，則物不具存。物不具存，則不足以備載。天地不為獸生芻，而獸食芻；不為人生狗，而人食狗。無為于萬物而萬物各適其所用，則莫不贍矣。若慧（通「惠」）由己樹，未足任也。[93]

其意是說天地不講仁恩，只是任其自然。因此，上天將萬物看作草和狗，也只是順其自然本性，使萬物各有所用、各本其位，不再特別加恩仁惠於萬物而已。這也是我在這兩個寒、暑假中約略體會到的模糊印象。萬事萬物均有其自然時序，當人們強自以人為之力改變自然時序而導致環境與生態失衡時，所

93 參見樓宇烈編，《王弼集校釋》，中華書局，1999 年。

謂的「大自然反撲」，也不過是讓自然萬物回歸本有的時序（或重新調整至新的時序）而已，再多的外力加持、環境保育施工或對動物的仁惠，是否反而讓自然更加背離原有的大道呢？

在漫長的腳踏車咖啡的流浪過程中，我經常一個人自斟自酌泡一杯咖啡給自己。有時，我會無意識地盯著這一杯剛沖煮好的咖啡，想著：咖啡之為「物」，那麼它在自然時序或生態中的定位是什麼呢？或者說它在整個宇宙大化流行的變化中又是扮演怎樣的角色呢？一杯剛沖煮好的咖啡，靜靜地放置在腳踏車咖啡的木製吧臺上，杯口還在微微地蒸散著輕柔的熱氣，空氣中也飄散著淡淡的咖啡香味，一切都顯得那麼的自然而平淡，似乎世間的所有紛擾都與它完全無關，但是真是這樣嗎？前一分鐘，我還在為它沖煮；前幾天，我把它從生豆烘焙成現在帶有豐富味譜的熟豆；上個月，我才從把它從咖啡商手中買來；前兩個月，它可能在貨輪上等待著運往臺灣；再幾個月前，它可能還掛在樹上，等待著咖啡農來採收與後製；……層層疊疊的過程啊！試想，這杯咖啡現在之所以能靜靜地置放在這裡，它究竟經過了多少人的手？而每一雙手又訴說著每個人或家庭的什麼故事？每個故事的背後又是多少我想像不到的生命歷程？……想到這裡，我又怎能小看了眼前這杯「不起眼」的咖啡呢！

第二節　「咖啡之為物」的特質：接納與分享

咖啡之為「物」，或者再推而廣之地說，物之為「物」，它即是自然萬物最本己的自身，它蘊涵且透顯了天地自然的本真奧祕，而我們，作為凡人的我們，又如何能透過對「物」的參透，讓自己置身於自然的場域之內，甚至融入成為自然的本己之「物」？

或許還是有許多人會認為：不就是一杯咖啡而已嘛，需要這麼認真看待嗎？就算咖啡是所謂的「物」，難道這個「物」指的不是一般的物體嗎？它真的蘊涵自然的奧祕嗎？在此，我想舉海德格爾曾說過的一段話來說明「什麼是物之物性？」，更明確地說，是「什麼是物自身呢？」，海德格爾以壺為例來說明：

> 壺之為器皿，並不是因為被置造出來了；相反，壺必須被置造出來，是因為它是這種器皿。的確，置造使壺進入其本己因素之中。但壺之本質的這種本己因素決不是由置造所製作出來的。從製作過程中釋放出來後，自為地立身的壺已然集自身於容納作用。在置造過程中，壺當然必須預先向置造者顯示出它的外觀 (aussenhen)。但這種自行顯示者（即外觀），只是從一個角度標幟出這個壺，也就是從這個器皿作為有待置造者與製造者相對立的角度標幟出這壺。[94]

壺之物性因素在於：它作為一個容器而存在，具有容納作用，而且顯然是壺底和壺壁承擔著容納作用。但有趣的是，當我們裝滿一壺酒時，難道我們是在把酒注入壺底和壺壁嗎？當然不是，我們是把酒倒在壺壁之間、壺底之上這個原本虛空之處，這種虛空才是壺之為器皿所具備容納作用的本質。而這個虛空，乃是當初置造者特地為壺之容納作用所保留的，是置造者與壺之物性遇合、關聯之處。但容我再次指出它有趣的地方：這個關聯之處，不是別的，而是一片虛空，是這片虛空構築了

94 參見 Martin Heidegger 著 (1953)，孫周興譯 (2005)，〈物〉，轉引自《演講與論文集》，頁 175。

相遇之所。所以，海德格爾才會說：「只有當我們的思想首先達到了物之為物時，我們才能達到物自身。」[95] 值得我們注意的是，壺的虛空如何能起容納作用呢？主要來自於它具備了兩項特質：接納與分享。什麼是接納？就是它能承受灌注而入的酒、咖啡、或任何液體；什麼是分享？就是它能將自身所承載的液體，傾倒出來餽贈予其他容器。因此，壺之為物，正是在於它能虛心地接納、無私地分享。

但物如何成其本質呢？或者說人如何知其為物呢？用海德格爾的話來說，就是「物物化」(Das Ding dingt)：

> 物化之際，物居留大地和天空，諸神和終有一死者；居留之際，物使在它們的疏遠中的四方相互趨近，這一帶近即近化 (das Nähren)。近化乃切近的本質。切近使疏遠近化 (Nähe nähert das Ferne)，並且是作為疏遠來近化。切近保持疏遠。在保持疏遠之際，切近在其近化中成其本質。如此這般近化之際，切近遮蔽自身並且按其方式保持為最切近者。[96]

---

95 同上註，頁 175。

96 同前註，頁 185-186。

> “**只有當我們的思想達到了物之為物時，我們才能達到物自身。**”

物化之際，物之虛空場域彰顯而現，讓大地、天空、諸神與終有一死者在此相遇，而匯聚成為一統合之「四重整體」(或稱「四方域」)[97]。大地和天空、諸神和終有一死者，這四方從自身而來統一起來，出於統一的四重整體的純一性而共屬一體。四方中的每一方都以它自己的方式映射著其餘三方的現身本質。同時，每一方又都以它自己的方式映射自身，進入它在四方的純一性之內的本己之中。這種映射 (Spiegeln) 並不是對個別摹本的描寫。映射在照亮四方中的每一方之際，居有它們本己的現身本質，而使之進入純一的相互轉讓 (Vereignung) 之中。因此，四重整體之統一性乃是四化 (Vierung)。四化作為純一地相互信賴者的有所居有的映射遊戲而成其本質。四化作為世界之世界化 (Welt als Welt weltet) 而成其本質。世界的映射遊戲乃是居有之圓舞 (der Reigen des Ereignens)。世界的如此這般環繞著的映射遊戲的被聚集起來的本質乃是環化。在映射著遊戲的圓環的環

97 海德格爾對天地神人四方的描述，在〈物〉文中為首次提出的概念，其後他又在〈築居思〉中再提及。其中的大地 (die Erde) 為承受築造，滋養果實，蘊藏著水流和岩石，庇護著植物和動物。當我們說到大地，我們同時就已經出於「四方」之純一性而想到其他三方；天空 (der Himmel) 是日月運行，群星閃爍，是周而復始的季節，是晝之光明和隱晦，夜之暗沉和啟明，是節日的溫寒，是白雲的飄忽和天穹的湛藍深遠。當我們說到天空時，我們同時就已經出於「四方」之純一性而想到其他三方；諸神 (die Göttlichen) 是暗示的神性使者。從對神性的隱而不顯的支配作用中，神顯現而成其本質。神由此與在場者同伍。當我們說到諸神時，我們同時就已經出於「四方」之純一性而想到其他三方；終有一死者 (die Sterblichen) 乃是人類。人類之所以被叫做終有一死者，是因為他們能夠赴死。赴死 (Sterben) 意味著：有能力承擔作為死亡的死亡。只有人能赴死。動物只是消亡而已。無論在它之前還是在它之後，動物都不具有作為死亡的死亡。死亡乃是無之聖殿 (der Schrein des

化中，四方依偎在一起，得以進入它們統一的、但又向來屬己的本質之中。如此柔和地，它們順從地世界化而嵌合世界。

“如果知識或讀書真的能幫助我們探討自然宇宙的奧祕、思索生命存在的意義，怎麼還會有這麼多人願花大把的金錢與時間在求神問卜的事情上？”

從咖啡之為「物」中體會海德格爾的天、地、神、人的四重整體，學會棄絕自身以聆聽天地萬有的聲音，在咖啡所提供的場域中將自身與萬有集置，才能切近大道。但是，作為咖啡的置造者，我們準備好了嗎？我們築造好這個相遇的場域了嗎？作為物之置造者，在思想與物的遇合之處，我們築造了一個怎樣的場域呢？

Nichts)；無在所有角度看都不是某種單純的存在者，但它依然現身出場，甚至作為存在本身之神祕 (Geheimnis) 而現身出場。作為無之聖殿，死亡庇護存在之本質現身於自身之內。作為無之聖殿，死亡乃是存在之庇所 (das Gebirg des Seins)。現在，我們把終有一死者稱為終有一死者——並不是因為他們在塵世的生命會結束，而是因為他們有能力承擔作為死亡的死亡。終有一死者是其所是，作為終有一死者而現身於存在之庇所中。終有一死者乃是與存在之為存在的現身著的關係。當我們說到終有一死者時，我們同時就已經出於「四方」之純一性而想到其他三方。

第三節　築造一個相遇之場域

這裡，我想我必須再談築造的概念了，什麼是一個築造的物呢？海德格爾以橋為例子來說明：

> 橋「輕鬆而有力地」飛架於河流之上。它不只是把已經現成的河岸連接起來了。在橋的橫越中，河岸才作為河岸而出現。橋特別地讓河岸相互貫通。通過橋，河岸的一方與另一方相互對峙。河岸也並非作為堅固陸地的無關緊要的邊界線而沿著河流伸展。橋與河岸一道，總是把一種又一種廣闊的後方河岸風景帶向河流。它使河流、河岸和陸地進入相互的近鄰關係之中。橋把大地聚集為河流四周的風景。[98]

表面上，橋作為一個築造之物，它的確發揮了河流兩岸之間的溝通之效，但它在貫通河岸的同時，其實也讓河流、河岸有

98 參見 Martin Heidegger 著 (1953)，孫周興譯 (2005)，〈築・居・思〉，轉引自《演講與論文集》，頁 160。

> **人類所有知識的產生，都是前人用生命體驗所換來的寶貴資產，我們得用相同的生命實踐，才能真正領悟到這些資產的珍貴與重要。**

了不同的意義，橋讓河流不再是原來的河流，也讓河岸不再是原來的河岸。引伸開來，若我們不把橋僅僅當作是一座橋而已，而是泛指所有發揮溝通、聚集、居留之象徵之物的話，那麼，橋讓河流自行其道，同時也為終有一死的人提供了道路，使他們得以往來於兩岸。橋以多重方式伴送人們、橋以其獨有的方式把天、地、神、人聚集於自身。顯然，橋是一個築造之物，但它僅僅只是一「物」而已嗎？用海德格爾的話來說：「作為這一物，橋聚集著四重整體。」[99]

何以如此？橋作為一物，它築造於一特殊的位置，而這個位置也築造了一個特殊的場域，這個場域讓天、地、神、人之純一性得以進入。顯然，這個位置接納了四重整體並為之設置了一個遇合之場域，而且，這個位置也分享了「四方」得以相互轉化的可能性。還記得嗎？「接納」與「分享」是物之為物的兩大重要特質，橋，正是這樣的一物，而這樣之物的產生，關

99 同上註，頁 162。

鍵就在於築造。因為築造的本質就是讓物之物性得以發揮。所以，橋作為一個位置，它提供出諸空間，因此，築造就建立起了這個位置，它便是對諸空間的一種創設和接合，而且隨著這個位置對諸空間的接合，必然也產生了空間與距離以接納四方萬有的進入，以及產生了延展與廣延的空間以分享其無限的可能性。因此，海德格爾說：

> 築造乃是一種別具一格的讓棲居 (Wohnenlassen)。……因為築造帶來四重整體，使之進入一物（比如：橋）之中，並且帶出作為一個位置的物，使之進入已經在場者之中——後者現在才通過這個位置而被設置了空間。[100]

築造的本質是讓棲居，讓天、地、神、人四重整體得以棲居之所，築造之本質的實行乃是通過接合位置的諸空間而把位置建立起來。那麼，作為人，作為終有一死的人，我們如何築造出這個讓我們自己得以棲居之所，而且透過這個棲居之所而能與整個自然萬有（天、地、神）接合起來呢？海德格爾直接指出：「倘若棲居和築造已經變得值得追問、並且已經保持為某

100 同前註，頁 168。

種值得思想的東西，則我們的收穫便足夠矣。」[101] 當終有一死者根據棲居而築造並且為了棲居而運思之際，他們就在實現此種努力。

如此一來，就像物之為物，所以人才能為人。換言之，人作為自然之物，是因為人能夠棲居；而人之能夠棲居，是因為人會築造；而人之會築造，是因為人具有運思能力；而此運思的內容為何？不是為了追問人之存在，反而是為了放棄對人之存在的追問，所以，終有一死者所思者不是「如何有」而是「如何無」的問題。惟有如此，人思其所無，而後才會築造；而築造後才能棲居；而棲居後才能讓天、地、神、人四方純一化，回歸至自然的大道本質。

“「接納」與「分享」是物之為物的兩大重要特質。”

101 同前註，頁 170。

第四節　老子的物論

就像我在本章一開始為老子「天地不仁，以萬物為芻狗」一語所作的詮釋，老子對「物」的看法又是如何呢？根據香港學者王慶節所整理，老子的「物」字基本上有 4 層意義：第一，老子的「物」指通常的世間存在的「萬事萬物」；第二，老子的「物」還意謂物之所以為物的、無名無狀的「道」；第三，在世間存在的萬事萬物中，老子進一步區分出「自然物」與「人造物」，並且將後者稱之為「器」；第四，當老子談「道之為物」時，常常和「天地」、「天下」同用，似乎「天地」、「天下」也是「物」，不過是特別的「物」，是「大物」、「神器」罷了。綜上所述，我們可以說老子的「物」有 4 層含義：即 (1)「物」之為恍兮惚兮，惚兮恍兮，無狀之狀，無物之象的「大道」；(2)「物」之為「大物」、「神物」的「天地」、「天下」；(3)「物」之為「夫物芸芸」的自然「萬物」、「眾物」；以及 (4)「物」之為「奇物」、「法物」、「利器」、「兵器」、「埴器」的人造「器物」。[102]

102 參見王慶節著 (2005)，〈道之為物——海德格的「四方域」物論與老子的自然物論〉，見於香港中文大學現象學與人文科學研究中心：《現象學與人文科學》(*Journal of Phenomenology and the Human Sciences*)，2 期 (2005)，頁 261-313。收錄於張燦輝、劉國英主編，《現象學與人文科學：現象學與道家哲學》，臺北市：邊城出版，家庭傳媒城邦分公司，2005 年初版，頁 290-292。

其中，老子的〈二十五章〉無疑應被視為老子「物論」的核心篇章：

> **道大，天大，地大，王亦大。域中有四大，而王居其一焉。人法地，地法天，天法道，道法自然。**

依王節慶之言，這一核心篇章告訴我們老子的「物論」有至少 4 個要點：第一，「物」之為道。這也就是說，最源初、最根本的「物」，或者說「物」的最初形態就是「道」本身。第二，道之為「物」的過程乃「道生」或「物化」的過程，亦即「成物之道」。第三，這一「道生」、「物化」的過程中有四大力量在起作用，他們分別是道、天、地、王（指得道之人或聖人）；第四，「四大」參與這一「道生」、「物化」的過程乃是一「自己而然」的方式。所以，「道生」、「物化」別無其他，乃自然而然，即「法自然」也。正因為這一緣故，我們建議不妨將老子的「物論」稱為「自然物論」。[103]

但是，老子的這個「自然物論」中，仍有一些疑問困擾著歷代學者。主要的困擾在於「域中四大」既然肯定了道、天、地、

103 同上註，頁 293-294。

王四者（域中有四大：道大、天大、地大、王亦大。），但為何又列出其中的優先順序（人法地，地法天，天法道，道法自然。）？

“人思其所無，而後才會築造。”

或許我們可從《帛書老子》與現今通行《老子》在〈四十章〉的比較中看出一些端倪。在《帛書老子・四十章》：「反也者，道之動也。弱也者，道之用也。天下之物，生於有，生於無。」與現今通行本《老子・四十章》：「反者，道之動。弱者，道之用。天下之物生於有，有生於無。」兩者內容上的比較，得出兩種不同的形上學思想：前者為「有無相生」，後者為「有生於無」。顯然，現今通行的版本中，多以「有生於無」的形上思想為主，因此也多能解釋《老子》在「道生一，一生二，二生三，三生萬物」（〈四十二章〉）、「天下之物生於有，有生於無」、「道大，天大，地大，王亦大。域中有四大，而王居其一焉。人法地，地法天，天法道，道法自然」的「有生於無」的階層思想。但是，我們也在《老子・一章》「無名，天地之始。有名，萬物之母。故常無欲以觀其妙，常有欲以觀其徼。兩者同出而異名，同謂之玄。」、「有無之相生也。」（〈二章〉）、「故有之以為利，無之以為用。」（〈十一章〉）等章節中看到「有無相生」的形上思想意涵。因此，在「有生於無」與「有無相生」之間是否存在矛盾，就成了不可迴避的問題了。

「有生於無」展現出來的是一種寬泛意義上的神學宇宙論式的、等級高低分明的、「創世紀」式的一元論形上學。在這一形上學的框架裡，「無」為「一」、為「本」、為「體」，而「有」為「多」、為「末」、為「用」。反觀「有無相生」的模式，我們看到的則是一幅截然不同的圖景，這是一種天地自然發生，萬物自性平等，二元甚至多元相激互蕩，中道平和的形上學。鑑於古代和中古時代中國特定的宗教、文化、社會、政治的「大一統」的背景，神學宇宙論式的、一元論的「有生於無」形上學成為道家哲學形上思想的主流解釋，乃至構成整個中國哲學形上學的「道統」不足為奇。但是與「有生於無」的形上學正統解釋比較，「有無相生」的解釋在《老子》文

> **道大，天大，地大，王亦大。域中有四大，而王居其一焉。**

本的閱讀上也絕非毫無理據的妄言，只是這一解釋由於傳統形上學道統的強勢而被遮蔽和忽視罷了。[104]

要解決這個疑慮，必須回到《老子．二十五章》中找答案。以《老子．二十五章》：「道大，天大，地大，王亦大。域中有四大，而王居其一焉。人法地，地法天，天法道，道法自然。」而言，其實它存在著兩種不同的讀法，說明第二十五章也可從「有生於無」轉變為「有無相生」的解釋。《老子．二十五章》下半部分的傳統讀法是：「道大，天大，地大，王亦大。域中有四大，而王居其一焉。人法地，地法天，天法道，道法自然。」由這一讀法而來的傳統解釋明顯預設了「有生於無」的形上學模式。在這一解釋中，自然（道）、天、地、人由高至低，明顯構成了宇宙、世界萬物創生、發生的等級序列。但是，王節慶先生注意到唐代學者李約在其《道德真經新注》對《老子．二十五章》的這一部分有不同的讀法：「道大，天大，地大，王亦大。域中有四大，而王居其一焉。人法地地，法天天，法道道，法自然。」然後，李約評注曰：

> 「道大，天大，地大，王亦大。」是謂「域中四大」。蓋

104 同前註，頁 304。

> 王者「法地」、「法天、「法道」之三自然而理天下也。天下得之而安，故謂之「德」。凡言人屬者耳，其意云「法地地」，如地之無私載。「法天天」，如天之無私覆。「法道道」，如道之無私生成而已。如君君、臣臣、父父、子子之例也。後之學者謬妄相傳，皆云「人法地，地法天，天法道，道法自然」。則域中有五大非四大矣。豈王者只得「法地」，而不得「法天」、「法道」乎？天地無心，而亦可轉相法乎？又況「地法天，天法道，道法自然」是道為天地之父，自然之子，支離決裂，義理疏遠矣。[105]

若依唐代學者李約的方式，則我們也可重讀《老子・四十二章》「道生一，一生二，二生三，三生萬物」為「道生一一，生二二，生三三，生萬物」，以支持其「有無相生」的新解釋系統。[106]

顯見在老子哲學內部，除了一個以「道生之」為主要觀視角度，即以傳統的等級發生的神學宇宙論為基礎的「有生於無」的一元論形上學系統之外，還應存有一個以「物形之」為主要觀視角度，「有（物）無（物）相生」的二元、乃至多元論的

105 參見《道藏》，能 1- 能 4（上海涵芬樓影印本）。本文轉引自《帛書老子校注》，高明撰，北京市：中華書局，1996，第 353-354 頁。

106 見註 102，頁 306-308。

形上學系統。從「道生之」的觀視角度，由於人們的語言方式、宗教背景、文化傳統、政治氛圍的影響，我們往往容易將「道」視為一在時間空間之外、之上、之先的而又創生萬物的、創造主式的實體物。與此同時，被創生的萬事萬物自然也就會根據與造物主的親近程度的遠近而被分為三五九等，或者去「分有」，或者去表現那造物主的榮耀與偉大；其次，我們也可以從老子自然物論的提出，使我們有可能從「物形」的角度來看待「道生」的過程。這樣，「道」就更可能脫出傳統神學宇宙論的理解框架，不再被視為是一實體，而是那天地之間萬事萬物生長成滅的自然歷程和道路。這種萬事萬物的生長成滅乃是由「有」和「無」兩股力量相激互蕩而成，老子將之稱為道之為道的「同出而異名」的兩面。[107] 由此，王節慶先生在「有無相生」的自然歷程道路的說法極具創意，且似乎更符合老子的「自然」乃「自己而然」的「無為」本意。不過，依王節慶之言，最後將又回歸至「兩股力量」則應是筆誤或錯解，因為既然「同出而異名」，那麼「有」與「無」該當為同一，或者如海德格爾所說的「切近」才是。

> **“人法地地，法天天，法道道，法自然。”**

107 同上註，頁 311。

第五節　從老子到海德格爾的自然觀

海德格爾在 1950 年 6 月 6 日的演講〈物〉中，從壺之為物開始，談到虛空、傾注、贈品與集聚，而提出天、地、神、人（終有一死者）四方均是在拋棄自身以反映其他三者的存在而能開顯自身的「四重整體」（或「四方域」），是為一環化的「映射遊戲」的圓舞。他提到：如果我們思物之為物，那我們就是要保護物之本質，使之進入它由以現身出場的那個領域之中。物化乃是世界之近化。近化乃是切近之本質。只要我們保護著物之為物，我們便居住於切近中。切近之近化乃是世界之映射遊戲的真正的和惟一的維度。但物之為物何時以及如何到來？物之為物並非通過人的所作所為而到來。不過，若沒有終有一死的人的留神關注，物之為物也不會到來。達到這種關注的第一步，乃是一個返回步伐 (Schritt zurück)，即從一味表象性的、亦即說明性的思想返回來，回到思念之思 (das andenkende Denken)。這種返回步伐寓於一種應合 (Entsprechen)，這種

> **道生一一，生二二，生三三，生萬物。**

應合——在世界之本質 (Weltwesen) 中為這種本質所召喚——在它自身之內應答著世界之本質。物是從世界之映射遊戲的環化中生成、發生的。惟當世界作為世界而世界化，圓環才閃爍生輝；而天、地、神、人的環化從這個圓環中脫穎而出 (entringt)，進入其純一性的柔和之中。依此環化，物化本身是輕柔的 (gering)，而且每個當下逗留之物也是柔和的，毫不顯眼地順從於其本質。柔和的是這樣的物：壺和凳、橋和犁。但樹木和池塘、小溪和山丘也是物，也以各自的方式是物。蒼鷹和狍子、馬和牛，也是物，每每以自己的方式物化著。每每以自己的方式物化之際，鏡子和別針、書和畫、王冠和十字架也是物。惟有作為終有一死者的人，才在棲居之際通達作為世界的世界。惟從世界中結合自身者，終成一物。[108]

不少論者都注意到，老子的「域中之四大」——道、天、地、人——與後期海德格爾的「四方」(die Vier)——天、地、神、人——可堪比擬。[109] 為什麼宇宙能成為物創生及生產性和創造性活動的偌大場域？就是由於它本質上是中空的、沒有被占據的。正因宇宙永遠不會被占據，它就可以永恆地進行創生及生產的活動而不會枯竭。赫拉克利特 (Heraclitus, 540-480B.C.) 視

108 見註 94，頁 190-192。

109 Martin Heidegger, "Das Ding", in *Vorträge und Aufsätze*, Pfullingen: Neske, 1954; "The Thing", in Martin Heidegger, *Poetry, Language and Thought*, Eng. Trans. A. Hofstadter, New York: Harper & Row, 1971, pp. 163-186.

> 我於是哀傷地學會了棄絕：語詞破碎處，無物可存在。

戰爭或爭鬥 (polemos) 是物的起源，老子剛好相反，認為大自然的創造性和萬物的創生源自「道」的虛靜和柔弱性格。[110] 例如：「弱者，道之用。」（〈四十章〉）或「人之生也柔弱，其死也堅強。草木之生也柔脆，其死也枯槁。故堅強者，死之徒；柔弱者，生之徒。是以兵強則滅，木強則折。」（〈七十六章〉）或「天下莫柔弱於水，而攻堅強者莫之能勝，以其無以易之。弱之勝強，柔之勝剛，天下莫不知，莫能行。」（〈七十八章〉）順應「道」而行事、非強力、宰制、揭櫫柔弱勝剛強。[111] 這與西方形上學的傳統，恰恰是相反地。西方形上學傳統顯現出一種基本的不安全的感覺，並且誇大了自身的重要性，由此它的反應便變成過分自衛。形上學的一切範疇都是暴力範疇：存在和它的屬性、第一因、需要負責任的人，甚至強力意志——從形上學的角度詮釋成確認或僭取支配世界的權力。這些範疇必須被弱化或去除它們過分的權力。[112]

由上述而知，「域中四大」之道並不僅是道，而是道、

110 參見劉國英著 (2005)，〈現象學可以還中國哲學一個公道嗎？試讀《老子》〉，轉引自《現象學與人文科學：現象學與道家哲學》，頁 30。

111 老子這一思路經常被提出與晚期海德格爾所鼓吹的「泰然任之」比較。

112 G. Vattimo, *The Adventure of Difference: Philosophy after Nietzsche and Heidegger*, Eng. Trans. C. Blamires, Cambridge: Press, 1993, p.5-6.

天、地、人四者合一的概念。這可由《老子・一章》「道可道，非常道」推知一二。因為此處的「常」是超越時間的永恆 (eternity)，賦與它與柏拉圖的「理型」類似的地位，然而，「常」字在中文裡還有另外一個解釋，就是「平常」，而這個「平常」與「恆常」兩個字的意思似乎格格不入。然而，細心分析兩個「常」字的意義，就會發現，它們其實並沒有矛盾，而且在深一層的意義裡是相通的。所謂恆常，就是不快、不慢、至沒有速度，甚至直到「永遠」，如胡塞爾所說：「這裡沒有任何會變化的事物，而就算在一個過程裡『有些東西』經過，也不算是一個過程。這沒有任何東西變動，因此也不能有意義地說，有些事物在延續著。」這裡說的平常，並不是一般所說通常、普通、常見等，也不是「永恆不變」(eternal)，而是「恆常」(constant)，是一種保持著活動的不動，它並非如柏拉圖的永恆的理型，是一個不變的對象，所以超越時間與改變，相反地，它是無對象但永遠在活動和改變（又沒有改變）著的。這是中文裡「常」這個字跟西方所謂「永恆」深刻的分別，因為西方哲學追求言詞內涵的固定意義，故此，其引申出來的「永恆」，必然是對時間的否定。相反，老子並不強求達到這目標，反而更能理解時間與恆常之間的關係。因為我們的意識一旦有活動，刻意要抓緊一個固定永恆的言詞概念，那平常就會從我們的意識的掌握中溜走，只有在虛靜的境界，即退一步甚麼也不做，這平常的流動才會在我們的意識重新出現。這種理解，突出了中國哲學裡對永恆的概念與西方哲學不一樣的地方。[113]

第六節　泰然任之

西方哲學從 Being 來理解 nothingness，而通過某物的缺席來理解「無」，再加上 Being 本身是個繫詞，它必然是通過「甚麼缺席？」這問題來表達，因為如果我們講不出到底甚麼缺席，就沒辦法證明或否證我的話對否。譬如：我說「這個世界沒有 X」(There is no X in this world.) 來表達 Not-Being 以 nothingness，因為這個繫詞，我們必須說明 X 的本質是甚麼，否則便不能準確說出不存在的到底是甚麼。這就等如說一些不會存在的東西不存在，墮入如柏拉圖的〈智者篇〉(*Sophist*) 裡的矛盾和啞口無言 (aporia) 中。從這一點去理解，我們再回到「有」作為一種現象，若我們要完成這個詞和概念的要求，因

113 參見黃國鉅著 (2005)，〈《老子》的現象學分析與時間問題〉，轉引自《現象學與人文科學：現象學與道家哲學》，頁 121-123。

認清生命的荒謬性時，我們才能真正超越這個荒謬性。

為「無」是「有」的惟一擁有者，所以必然是先從「無」建構起來，即是說們為了把「無」的空間占據，就要把「沒有」的東西想像出來變成「有」；而弔詭的是，一旦我們把沒有的東西想出來了，它就不再是「沒有」。正因為「有」與知識、語言、永恆性脫鉤，所有想像「有」的活動，都只是一種沒有語言概念指導下事物存在的可能性在空間裡自己發生的過程。那麼，從「無」到「有」，是一個自發的過程，而所謂「自然」，作為一種現象，就是不故意做任何活動以及沒有言詞概念及其永恆性的要求下，任由「有」發生作用，正因為意識不刻意活動，它沒有對象，沒有內涵，故此，言詞也無既定意義，而因為「有」的作用是自發的，它們作用的後果必然是涵蓋天下事物裡，而非在言詞本身。一旦「有」和言詞、知識、永恆內涵脫鉤，自然必然是它的惟一發生的形式，而它的內容，必然是萬物本身，而不是言詞概念。[114]

正如同海德格爾在《如當節日的時候……》(*Erläuterungen*

114 同上註，頁 127-131。

zu Hölderlins Dichtung) 中，透過對荷爾德林〈如當節日的時候……〉(*Wie wenn am Feiertag*) 詩的哲學詮釋，說明「自然」乃一切現實之物的在場。在這首詩中，荷爾德林的「自然」一詞，按 φύσις 這個原初的基本詞語所隱含的真理詩意地表達了自然的本質。海德格爾在此列舉出 φύσις 一詞的各種原初意涵：有「φύσις，意指生長。」「φύσις 乃是出現和湧現，是自行開啟，它有所出現同時又回到出現過程中，並因此在一向賦予某個在場者以在場的那個東西自行鎖閉。」「被視為基本詞語的 φύσις，意味著進入敞開域中的湧現，進入那種澄明 (Lichtung) 之照亮，入於這種澄明，根本上某物才顯現出來，才展示其在輪廓中，才以其「外觀」(είδος，ςδέα) 顯示自身，並因此才能作為此物和彼物而在場。」「φύσις 是湧現著向自身的返回，它指說的是如此這般成其本質的作為敞開域的湧現中逗留的東西的在場。」「φύσις 是照亮之澄明的出現，因而是光的發源地和場所。」「φύσις 是在萬物中當前現身的東西。」[115]

對海德格爾而言，自然在場於人類勞作和民族命運中，在日月星和諸神中，但也在岩石、植物和動物中，也在河流和氣候

115 參見 Martin Heidegger 著 (1939)，孫周興譯 (2000)，《如當節日的時候……》，收錄於 Martin Heidegger (1981), *Erläuterungen zu Hölderlins Dichtung*, Gesamtausgable Band 4, Herausgegeben von Friedrich-Wilhelm von Hermann. 本書根據德國維多里奧．克勞斯特曼出版社 1981 年全集版譯出，孫周興譯 (2000)，《荷爾德林詩的闡釋》，北京市：商務印書館，2002 年第 1 版第 2 次印刷，頁 65-66。

中。令人驚嘆的自然不能施以任何製造活動，自然卻以其在場狀態貫穿了萬物。所以自然「在輕柔懷抱中」培育。自然之當前現身的整全性並不是指完全囊括現實事物的數量，而是指自然對現實事物的貫通方式，現實事物按其特性而言似乎是對立地排斥。自然之無所不在保持著至高的天空和至深的深淵的相互最極端的對立。但同時，對立被無所不在的自然挪置入它們共屬一體的統一體之中。這個統一體並非使難以駕馭之物消解於呆板無力的平衡，而是把它置回到那種寧靜之中，此寧靜作為來自爭執之火的寂靜光輝來照射，在其中，一方把另一方擺置入顯現之中。[116] 海德格爾在此對自然的描敘，突顯了自然是在對立、辯證中而展現，但這又不是黑格爾的「辯證法」，而是在對立中遮蔽自身以彰顯對方進而顯出整全之統一體，頗有老子「反者，道之動；弱者，道之用」的味道。事實上，海德格爾在後期的演講中如〈物〉、〈築、居、思〉、〈語言〉等所提到的「四重整體」（或「四方域」），亦建立在此相同的哲思。透過無所不在的自然有所迷惑 (Berückung) 又有所出神 (Entrückung)。[117] 而這同時的迷惑和出神就是美的本質。美讓對立者在對立者中，讓其相互並存於其統一體中，因而從或許

116 同上註，頁 60-61。

117 此處「迷惑」與「出神」有相同的詞根，而動詞 rücken 有「移動挪動」的意思。

是差異者的純正性那裡讓一切在一切中在場。美是無所不在的現身 (Allgegenwart)。[118] 神聖者之美妙從前「微笑著」於萬物中當前現身，毫不費勁，輕快歡樂，因而不受人「幾乎沒有感受」那裡所發生的東西這回事情的影響。人類只是在急促於可抓住事物當中，來利用這一為聖美的自然提供出來的東西，並因此把無所不在者貶低到奴役形狀中。「自然」「微笑著」在原初的「泰然任之」中泰然容忍了這種做法和一切結果，並且聽任人類對神聖者的錯誤認識。由於這種對「自然」的錯誤認識，任何一個事物就還「是」它作成的東西而已；而它實際上往往只作成它所是的東西。然而，任何事物，包括任何人，都僅僅按出於自身成其本質的自然，即神聖者，在這個事物中當前現身的「方式」而「存在」。[119]

「泰然任之」，正是海德格爾參透了天空、大地、諸神、終有一死者「四重整體」（或「四方域」）的概念後，所得出之透徹人生哲學。這也是海德格爾在〈語言的本質〉中，從「我於是哀傷地學會了棄絕：語詞破碎處，無物可存在」詩來談語言的本質，再轉變為本質的語言乃無聲地召喚而聚集世界的道說，是為天空、大地、諸神、終有一死者四方歸於一體的「四

118 海德格爾在此到了美的神聖性，將「自然」稱之為「聖美」。不過，此時的海德格爾尚未真正體悟「詩與思」或「美與道」的切近關係，且後來雖在〈……人詩意地棲居……〉與〈什麼叫思想？〉、〈技術的追問〉等演講中亦提到詩意的美感與哲思的關係，但真正將之融貫則必須等到在〈語言的本質〉（1957 年 12 月）、〈詞語〉（1958 年 3 月）、〈在通向語言的途中〉（1959 年 1 月）等演講中，海德格爾就不只一次提到詩與思的切近，說明兩者非同一，但卻在切近中拋棄自身而開顯對方，進而提出「四方域」的「映射之舞」，在在均說明海氏

重整體」（或稱「四方域」）的切近開闢道路 (Be-wegüng) 的寂靜之音 (das Geläut der Stille)，並說明語言之無名、物之無名、存在之無名，首倡「道即道路」的主張，與終有一死者的「泰然任之」。

從老子「四域合一」概念所推衍的「有無相生」，到海德格爾在「四重整體」（或「四方域」）中所體悟的「泰然任之」，我想這裡所說的「自然」，早已不是西方傳統形上學中所探索的「自然」(nature)，而是如老子與海德格爾所倡的「自然而然」(naturalize)。以前一章對動物權利的討論為例，人與動物之間的權利歸屬或是責任義務為何？一切順應自然，自然而然，既不以動物為人類之附屬品而刻意豢養、獵殺、與吃食，但也不故作衛道人士而強調動物之動物權，不帶一絲矯飾地將人與動物集置 (das Ge-stell) 於每一個在場之中，相互棄絕自身而彰顯對方之存在而構成一個整體。關鍵已經不是動物是否能感知痛苦、或動物是否亦為生命、或者動物能否行使道德判斷，而是在於人與動物（甚至植物或岩石）乃為自然而然的整體，相互因著對方的存在而使自身存在，一切「泰然任之」。在泰然中順應自然，因為任何一個事物就僅僅「是」它之所是的東西而

終究是體會到「由思入詩」與「由詩入思」的雙重性，即美學與哲思的切近。

119 見註 115，頁 76-77。

已，任何事物，包括任何人，都僅僅按出於自身成其本質的自然，以其在場的集置中現身而存在。動物如此，你是如此，我是如此，就連現在端置於案頭的咖啡亦復如此！

“

我們真的只能這樣的活著嗎？

”

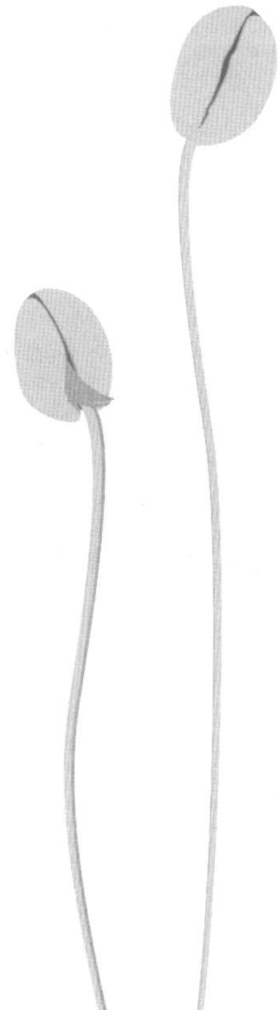

第六章　在咖啡中泰然任之

卷後語

在本書中，我構築了一個以哲學思想為基底、咖啡美學為媒介的平臺，我渴望能透過這個平臺的完成，讓更多對咖啡與哲學有興趣的朋友，一同探索生命的孤獨、他者的相遇、以及自然的省思。但就在完成本書的同時，正值我任滿兩年的學務長行政職務。回想兩年前，我接任學務長職務之初，也是我開始動筆著手於本書的構想之時，而今本書完成在即，心裡實在有許多感觸。

首先，我想到的是我目前身處的高等教育環境。因為，我所任教的南華大學，在這一波少子化的衝擊中，竟然出現了招生人數上的缺口，而且在指考排名上直落至底。這對我而言，實在是一分不可承受之重。為什麼？這得從我當初選擇到南華大學任教說起。民國85年，佛光山發起「百萬人興學」計畫，秉持著「取之於社會，用之於社會」的辦學理念，創辦了南華大學。當時的我還在攻讀博士學位，但我聽到有一群關注臺灣高等教育的老師們，他們或者遠離自己北部的家鄉、或者辭掉離家比較近的任教學校、或者放棄國立大學的教職工作，為了「發揚古代書院傳統、重建人文精神」，共同匯聚到嘉義縣大林這個小鎮落地生根。當時的我深深為了這分理想所感動，尤其這群老師中，更有幾位是我非常孺慕景仰的師長，我想：如果我也能到這樣的大學任教，與這些前輩師長並肩為高等教育貢獻一己微薄之力，那該是多幸福興奮啊！後來，經歷了一些轉折，我終於爭取到了來南華大學任教的機會。記得當我接獲南華大學通識中心打來的錄取電話時，那種快樂的心情，至今我都忘不了。

於是，我踏上這片心目中理想的高等學府，而且一待就是 10 年。但是，10 年的時光，可以消磨世間所有的雄心壯志。在這 10 年間，我彷彿看著南華大學從雲端的理想國，逐漸地淪落回到世俗的人間，「理想」這個字眼，在南華大學似乎也慢慢地變成了「不切實際」的代名詞，那些我所孺慕景仰的師長一位接著一位離開了南華大學，留下的是滿懷錯愕的我，因為我不知道南華大學到底怎麼了？

我實在無法承受這樣的轉變，於是我開始思索南華大學到底怎麼了，然後，我逐漸了解到這是臺灣整個高等教育都出了問題了，就像一顆外表還很漂亮乾淨的蘋果，它的核仁卻已經開始出現腐敗。嚴長壽先生在《教育應該不一樣》(2011) 書中為臺灣的技職教育把脈，他說：「目前大學院校每年的總招生人數約 30 萬，然而，去年大學畢業生卻只有 22 萬 7 千人，而前年的出生人口為 19 萬，去年只剩 16 萬 6 千人。無庸置疑，將來必然有很多學校招不到學生，面臨倒閉。」如同他所說的，這是再簡單不過的算術，然而我們從政府官員、學校，再到家長，竟然全都眼睜睜看著問題不斷惡化。於是，在現今高等教育的戰國時期，各大學院校為了因應少子化而做各種「削價競爭」策略，以長遠的教育本質作為代價，以求得每年的招生人數能平安過關，這種飲鴆止渴的作法，竟然開始出現在強調百年樹人的教育界。但是，當有一天，臺灣的教育全面崩盤時，誰來承受代價？說來殘酷，這個代價就是我們國家全部的年輕人最珍貴的「未來」。當我們的青年不再有未來時，試問我們的國家還剩下什麼？嚴長壽先生語重心長地說：「這是就是臺灣不願面對的教育真相。」但是，是誰坐視教育的問題不斷惡化？是教育部？是教改人士？是學校老師？是家長？還是學生？嚴長壽先生沉痛地指出：「我們全部都是！」因為這不是任何一個人的責任，也不是任何一個人可以解決，而是「我們」所有的人，放任這些問題日積月累、陳陳相因，致使演變成今日這樣難以收拾的局面，換句話說，我們全部都是「共錯結構」。

於是，我們看到的是：政府不再為教育作長遠規劃、各類選舉候選人只為討好選民而喊著民粹式的教育口號、教改也已不再能給我們美麗的願景、家長仍然死抱著「惟有讀書高」的觀念、老師仍以「惟智主義」作為成績的考核標準、學生自始至終跟著大人們團團轉而找不到人生的方向……。

何以至此？就是因為臺灣的教育體制常常是建立在「知識」這個關鍵詞上，所以我們從小學開始，周遭就充斥著「知識就是力量」、「惟有讀書高」、「知識經濟」……等口號，這些標語或口號彷彿告訴我們：擁有知識，就能掌握一切。但真的是如此嗎？長期以來，「填鴨式」的教育方式，雖然提昇了臺灣高等教育的人口數，也造就了不少高知識分子，但相信算命的人卻一直沒有減少，到廟裡求籤問運勢的人也不乏高學歷的人。如果知識或讀書真的能幫助我們探討自然宇宙的奧祕、思索生命存在的意義，那怎麼還會有這麼多的人們願花大把的金錢與時間在求神問卜的事情上？當然，原因並不是出在知識本身，而是人們對待知識的態度——換言之，就是「知其然而不知其所以然」的教育體制造成今日的地步。

如何從「知其然」躍升至「知其所以然」呢？我想光是讀書大概是不夠的，我們得能夠將書本中的知識，應用到我們日常生活中的點點滴滴，然後，在生命的實踐中逐漸去體悟這些知識的真正本質。知識並非萬能，知識也不是無用，人類所有知識的產生，都是前人用生命體驗所換來的寶貴資產，我們得用相同的生命實踐，才能真正領悟到這些資產的珍貴與重要。惟有如此，我們才能從「知其然」的層次，進入「知其所以然」的境界。

話雖如此，但我能做些什麼嗎？一想到這裡，我的心完全沉入谷底，因為我知道，我什麼也做不了。所幸我在南華大學的幾位師長與同仁，他們告訴我：不能就這樣認輸，就算最後的結果還是一樣，但是我們不能完全沒有作為！

教育社會所的鄒川雄所長說：「這將是我們一生中最美好的一仗！」應用社會學系的周平主任也說：「盡了這分責任，我們將是一個美學式的存有！」感謝他們的鼓勵，於是我跟隨著他們，以南華大學的教育改革作為起點，放眼臺灣高等教育的整體，於是我們組織寫手會議，在各大媒體報紙發表各種教育宣言、批判各種不公平與不正義的教育政策；我們也積極尋求各方有志於教育的有力人士，為臺灣高等教育共同努力與建言；當然，我們也向南華大學的管理高層，提出各類改革方針與具體做法，期待重拾南華大學的建校理念，以社會公益與公義為訴求的書院理想，為臺灣樹立改革的標竿。在這個高等教育的戰國時期，當所有的大學院校為了求生存而惡性競爭的同時，我們希望看到還有「不以求生存為目的，但卻反而能生存」的理想大學，我們相信臺灣還是有很多人會認同並且支持這樣的建校理念。

如同法國存在哲學家卡繆在〈薛西弗斯的神話〉(*The Myth of Sisyphus*) 一文中所說的，雖然生命的本質是其荒謬性，但惟有認清生命的荒謬性時，我們才能真正超越這個荒謬性。在原本的希臘神話故事中，薛西弗斯是以詭計多端聞名的科林斯國王，由於欺騙死神桑納托斯 (Thanatos)，而遭眾神之神宙斯 (Zeus) 懲罰。被打入地獄的薛西弗斯必須把巨石滾上山頂方可停止天譴，可是每回把巨石推到山頂時，便又滾落至山腳下，於是薛西弗斯只好日復一日、永無止境地推著巨石。而他的處境之所以成為悲劇，正是在於他有片刻的清醒，體認到自己的絕望，也因為他有這分清醒，這分工作才成為一種懲罰。

卡繆將這樣的處境稱之為生命的「荒謬」與無奈。因此，卡繆說薛西佛斯的命運代表了努力的徒勞與無望，我們就像薛西弗斯一樣，過著日復一日且一事無成的人生。既然我們的存在如此沒有意義，這個宇宙又是如此非理性，我們當然要問：「我們真的只能這樣的活著嗎？」可是當卡繆重新省視薛西弗斯的神話後，他卻有了全新的體會：當薛西弗斯無視於命運的作弄，認清生命本身的荒謬性時，在這瞬間，他便超越了那塊巨石，也超越了命運。

當然，這樣的生命超越，仍需要有極大的勇氣作為後盾。

什麼樣的勇氣呢？一般人常把勇氣視為面對恐懼、痛苦、風險、不確定或威脅時所展現出的無畏精神，這包括了對肉體疼痛、情緒困境、社會壓力、道德承載、甚至是死亡恐懼的各項勇氣展現。當然，相較於忍受肉體痛楚的「生理勇氣」(physical courage) 而言，人們更讚許的是面對不公平、不正義的社會壓力時所展現出來的「道德勇氣」(moral courage)。如同巴勒斯坦社會學家薩依德就曾明白提倡知識分子所應具備的勇氣：

> 知識分子是具有能力「向」(to) 公眾以及「為」(for) 公眾來代表、具現、表明訊息、觀點、態度、哲學或意見的個人。而且這個角色也有尖銳的一面，在扮演這個角色時必須意識到其處境就是公開提出令人尷尬的問題，對抗（而不是產生）正統與教條，不能輕易被政府或集團收編，其存在的理由就是代表所有那些慣常被遺忘或棄置不顧的人們和議題。知識分子這麼做時根據的是普遍的原則：在涉及自由和正義時，全人類都有權期望從世間權勢或國家中獲得正當的行為標準；必須勇敢地指證、對抗任何有意或無意違反這些

標準的行為。[120]

這樣的勇氣，應該存在於當代所有具有公民意識的知識分子身上，但是有趣的是，多數人並不會這樣做。因為人們總是怕，怕引來異樣眼光、怕招致社會輿論的壓力、怕高層有力人士的迫害、怕身家性命遭到威脅……。的確，需要怕的事情太多，讓大多數的人們對許多應該挺身而出的行為卻步。於是，薩依德所標舉的勇氣，變得稀少而可貴。

何以如此？或許，人們真正怕的並不是上述這些威脅或迫害，而是面對無可預知的未來，及其伴隨未知而來的焦慮與恐懼。對此，德國神學家及存在主義學者保羅・田立克就認為真正的「勇氣」是面對未知的焦慮和恐懼。他在《存在的勇氣》書中依西方思想的發展脈絡，深入探討各個時代賦予「勇氣」的意義，指出人生最大的勇氣便是「存在的勇氣」——面對自身存在性可能是無意義或非存在的勇氣。顯然，這回到了一個原始的哲學問題——我是誰？

對此，法國哲學家保羅・利科提出一個有關自我身分

120 參見 Edward W. Said (1994), "Representations of the Intellectual: The 1993 Reith Lectures", Chinese translation copyright 1997 by Rye Field Publishing Company, 單德興譯，《知識分子論》，臺北市：麥田出版股份有限公司，1997 年 11 月初版 1 刷，頁 48。

問題的說法。他認為個人的身分問題，不應單從物般的同一性角度——即靜態地看，還要從人作為各自獨特的一己者的角度[121]——即動態地理解——他身處的社會歷史境況、他的言行與他的交往、他的行為等等。而從後一種向度著手的話，人的身分就只能透過敘述來建立。因此，當我們回答一己或自我的問題時，或許我們不應是就「什麼 (what) 是自我？」的問題回答，而反而應該就「誰 (who) 是自我？」的問題回答。問「什麼」只是從物的角度問在時間中恆存 (permanence in time) 的存在的性質，而問「誰」才是從人的向度來提問何者是在歷盡變化後仍恆存的獨特的一己或人格。顯然，自我身分之構成，必須通過與他者的相遇或互動，即自我之為自我，在存在論上必須有賴他人的成全。

更有甚者，當我與他者呼應的同時，莫忘了我們仍置於整個天地萬物之間，所以我們必須再思索人與自然萬物的關係。海德格爾提醒我們：這種關注並非透過任何一種人為的動作而能達成。這種關注必須要透過返回步伐，讓每一位終有一死者拋棄自身的主觀成見，以自身最原始本己

---

121 Paul Ricoeur, "Narrative identity", in On Paul Ricoeur. On Narrative and Identity, ed. David Wood (London and New York: Routledge, 1991), p. 189.

的樣貌，應和著天地萬有的召喚，讓自己返回並置身於自然萬有之中。於是，我們開始會看到：萬物皆「是其所是」地以自身最本己的樣貌展現。如此一來，作為終有一死者的人，才在棲居自然萬有之中，體會到自己也是萬物之中的一物。至此，人與萬物合而為一，與整個自然世界結合為一。

從教育的省思中找尋自身存在的價值，然後在彰顯自身價值的過程，我看到了存在的勇氣；然而勇氣並非只是不懼疼痛的匹夫之勇，而是必須看到生活周遭中每一位他者的重要性；最後，將他者推至整個自然萬有的存在，自己與世界合而為一。在本書中，我嘗試透過孤獨、他者、與自然三個思考面向，為自己找一個可供安身立命的哲學思想。最後，我在海德格爾的「泰然任之」中，找到了「自然而然」的存有價值。

換言之，我必須真正體悟到在自然地微笑中，泰然接納天地萬有的本己面貌，即便它對我而言是一個錯誤的認識，但它仍還「是其所是」它自己原本的樣子。所以任何事物，包括當前的教育環境，也都僅僅按出於自身成其本質的存在而已，而我對它所做的任何努力與付出，也應是我在整個自然當下所應呈現的本分。然後，當兩者相遇即成就了當下的「存有」與「美感」，於是在這裡我找到了屬於我的「美學式的存有」！

于府城古都

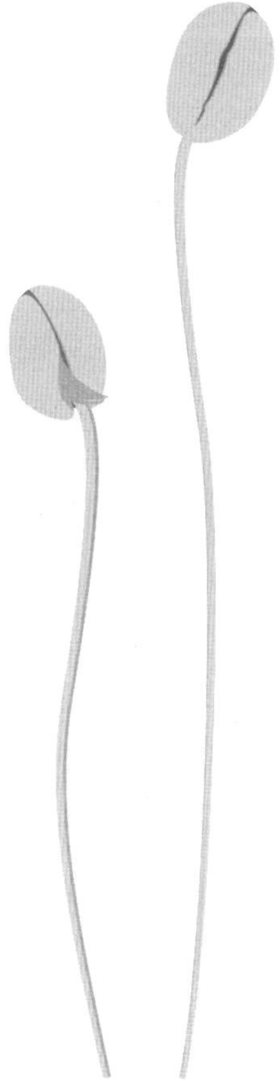

卷後語

參考書目

Aristotle(384-322 B.C.), *Metaphysica, The Works of Aristotle* , Vol. viii, Metaphyica Eng. tr. by W. D. Ross. 吳壽彭譯 (1995)，《形而上學》，北京市：商務印書館，1995 年第 1 版第 8 刷。

Aristotle(384-322 B.C.), *Phusike Akroasis/Peri Geneseos Kai Phthoras*，徐開來譯 (2002)，《亞里斯多德・物理學・論生成和消滅》，臺北市：慧明文化，2002 年第 1 版 1 刷。

de Beauvoir , Simone(1949), *Le Deuxième Sexe* , 陶鐵柱譯 (1999)，《第二性》，臺北市：貓頭鷹，城邦文化發行，2002 年 4 月初版 9 刷。

Cohen, Carl(1986), *New England Journal of Medicine.* 轉引自 Pojman 編著，張忠宏等譯 (1997)，《為動物說話：動物權的爭議・反對動物權的主張》，臺北市：桂冠，1997 年 4 月初版 1 刷。

Crawford, B. Matthew(2010)，林茂昌譯 (2010)，《摩托車修理店的未來工作哲學》，臺北市：大塊文化，2010 年 6 月初版。

Cycon, Dean(2007), *Javatrekker: Dispatches from the world of fair trade coffee*, 林詠心譯 (2011)，《來自咖啡產地的急件：9 個國家 X4 萬公里，一位人權律師的溯源紀實》，臺北市：臉譜，城邦文化出版，2011 年 10 月初版 6 刷。

Einstein, Albert(1916), *Relativity: The Special and General Theory*. 李精益譯 (2005)，《相對論入門：狹義和廣義相對論》，臺北市：臺灣商務印書館，2005 年 3 月初版 1 刷。

Einstein, Albert(1916), Tr. by Robert W. Lawson(1961), *Relativity: The Special and General Theory*, New York.

France, Peter(2001), *Hermits: the insights of solitude*, 梁永安譯 (2001)，《隱士：透視孤獨》，臺北縣：立緒文化，2001 年 3 月初版 1 刷。

Gadamer, H. G.(1960), *Wahrheit und Methode*, 洪漢鼎譯 (1999)，《真理與方法——哲學詮釋學的基本特徵》，上海市：上海譯文出版社，2002 年 7 月第 1 版 2 刷。

Graham, Gordon(1999), *The Internet: A Philosophy Inquiry*, 江淑琳譯 (2003)，《網路的哲學省思》，臺北縣：韋伯文化，2003 年 1 月版 1 刷。

Hegel, Georg Wilhelm Friedrich(1806), *Phänomenologie des Geistes*, 賀自昭、王玖興譯 (1984)，《精神現象學》，臺北市：里仁書局，1984 年 7 月初版 1 刷。

Heidegger, Martin(1954), *Das Ding*, in Vorträge und Aufsätze, Pfullingen: Neske, 1954; *The Thing*, in M. Heidegger, *Poetry, Language and Thought*, Eng. Trans. A. Hofstadter, New York: Harper & Row, 1971.

Heidegger, Martin(1927), *Sein und Zeit*, 18th edition 2001, Max Niemeyer Verlag, Tübingen. 陳嘉映、王慶節合譯 (2006)，《存在與時間》。北京市：生活．讀書．新知三聯書店，2006 年 10 月三版 5 刷。

Heidegger, Martin(1930), *Was Ist Metapgysik*, 熊偉譯 (1993)，《形而上學是什麼？》，臺北市：仰哲出版社，1993 年 12 月初版 1 刷。

Heidegger, Martin(1935), *Einführung in die Metaphysik, Unveränderte Auflage*, Max Niemeyer Verlag, Tübingen, 1976. 熊偉、王慶節譯 (1996)，《形而上學導論》，北京市：商務印書館，1996 年 9 月第 1 版 1 刷。

Heidegger, Martin(1935)，孫周興譯 (2004)，〈藝術作品的本源〉，收錄於 Heidegger, Martin(1935/1936), *Holzwege, Vittorio Klostermann*, Frankfurt am Main, 1994。本書根據德國維多里奧．克勞斯特曼出版社 1994 年第七版譯出，孫周興譯 (2004)，《林中路》，上海市：上海譯文出版社，2005 年 5 月第一版第 2 次印刷。

Heidegger, Martin(1939)，孫周興譯 (2000)，〈如當節日的時候……〉，收錄於 Heidegger, Martin(1981), *Erläuterungen zu Hölderlins Dichtung*, Gesamtausgable Band 4, Herausgegeben von Friedrich-Wilhelm von Hermann。本書根據德國維多里奧．克勞斯特曼出版社 1981 年全集版譯出，孫周興譯 (2000)，《荷爾德林詩的闡釋》，北京市：商務印書館，2002 年 8 月第 1 版第 2 次印刷。

Heidegger, Martin(1953)，孫周興譯 (2005)，〈什麼叫思想？〉，收錄於 Heidegger, Martin(1954), *Vorträge und Aufsätze, Verlag Günther Neske*, 1954 J. G. Cotta'sche Buchhandlung Nachfogler GmbH, Stuttgart。本書根據德國維多里奧．克勞斯特曼出版社 2000 年全集版譯出，孫周興譯 (2005)，《演講與論文集》，北京市：生活．讀書．新知三聯書店，2005 年 10 月第一版第 1 次印刷。

Heidegger, Martin(1953)，孫周興譯 (2005)，〈技術的追問〉，收錄於 Heidegger, Martin(1954), *Vorträge und Aufsätze, Verlag Günther Neske*, 1954 J. G. Cotta'sche Buchhandlung Nachfogler GmbH, Stuttgart。本書根據德國維多里奧．克勞斯特曼出版社 2000 年全集版譯出，孫周興譯 (2005)，《演講與論文集》，北京市：生活．讀書．新知三聯書店，2005 年 10 月第一版第 1 次印刷。

Heidegger, Martin(1953)，孫周興譯 (2005)，〈物〉，收錄於 Heidegger, Martin(1954), *Vorträge und Aufsätze, Verlag Günther Neske*, 1954 J. G. Cotta'sche Buchhandlung Nachfogler GmbH, Stuttgart。本書根據德國維多里奧．克勞斯特曼出版社 2000 年全集版譯出，孫周興譯 (2005)，《演講與論文集》，北京市：生活．讀書．新知三聯書店，2005 年 10 月第一版第 1 次印刷。

Heidegger, Martin(1953)，孫周興譯 (2005)，〈築．居．思〉，收錄於 Heidegger, Martin(1954), *Vorträge und Aufsätze, Verlag Günther Neske*, 1954 J. G. Cotta'sche Buchhandlung Nachfogler GmbH, Stuttgart。本書根據德國維多里奧．克勞斯特曼出版社 2000 年全集版譯出，孫周興譯 (2005)，《演講與論文集》，北京市：生活．讀書．新知三聯書店，2005 年 10 月第一版第 1 次印刷。

Heidegger, Martin(1957)，孫周興譯 (2004)，〈語言的本質〉，收錄於 Heidegger, Martin(1959), *Unterwegs Zur Sprache, Achte Auflage 1986*, Verlag Günther Neske Pfullingen 1959, der Gesamtausgabe: Verleg Vittorio Klostermann Gmbh, Frankfurt am Main 1985。本書根據德國納斯克出版社 1986 年第 8 版譯出，根據維多里奧·克勞斯特曼出版社 1985 年全集版修訂，孫周興譯 (2004)，《在通向語言的途中》(*Unterwegs zur Sprache*)，北京市：商務印書館，2004 年 9 月修訂本。

Heidegger, Martin(1959), *Unterwegs zur Sprache*, 孫周興譯 (2004)，《在通向語言的途中》，北京市：商務印書館，2004 年 9 月第 1 版 3 刷。

Hesse, Hermann(1922)，*Siddhartha*，胡洲賢譯 (2000)，《流浪者之歌》，臺北市：志文出版社，2000 年初版 1 刷。

Hrabal, Bohumil(1989)，楊樂雲譯 (2002)，《過於喧囂中的孤獨》(*Příliš hlučná samota*)，臺北市：大塊文化，2004 年 2 月初版 12 刷。

Hume, David(1755)，《論趣味的標準》，吳興華譯 (1963)，選自《古典文藝理論譯叢》，第五冊，北京市：人民文學出版社，1963 年第 1 版 1 刷。

Husserl, E.(1936), *The Crisis of European Science and Transcendental Phenomenology*, 張慶熊譯 (1990)，《歐洲科學危機和超驗現象學》，臺北：唐山出版社，1990 年初版 1 刷。

Kant, Immanuel(1784), *Beantwortung der Frage: Was ist Aufklärung?* 何兆武譯 (1996)，〈答何謂啟蒙運動？〉，出自康德著《歷史理性批判文集》，北京市：商務印書館，1996 年 6 月第一版第 3 刷。

Kant, Immanuel(1788), *Kritik der praktischen Vernunft*, 鄧曉芒譯 (2003)，《實踐理性批判》，北京市：人民出版社，2003 年 12 月初版 2 刷。

Kant, Immanuel(1783), Prolegomena zu einer jeden künftigen Metaphysik, die als Wissenschaft wird auftreten können. 據卡勒斯英文本譯，據德文施密特版校核，龐景仁譯 (1978)，《任何一種能夠作為科學出現的未來形而上學導論》，北京市：商務印書館，1997 年 4 月 4 刷。

Kant, Immanuel(1786), *Metaphysische Anfangsgründe der Naturwissenschaft, Kants Werke, Akademie Textausgabe* Ⅳ, Walter de Grugter & Berlin, 1968. 鄭曉芒譯 (1988)，《自然科學的形而上學基礎》，北京市：生活．讀書．新知三聯書店出版，1988 年 4 月第 1 版 1 刷。

Kant, Immanuel(1790), *Critique of Judgement*, 宗白華譯 (1964)，《判斷力批判》（上卷），臺北市：商務印書館，1964 年初版 1 刷。

Koch, Philip(1997), *solitude*, 梁永安譯 (1997)，《孤獨》，臺北縣：立緒文化，1997 年初版 1 刷。

Kockelmans, Joseph J.(1989), *Heidegger's "Being and Time": The Analytic of Dasein as Fundamental Ontology*, The Center for Advanced Research in Phenomenology, Inc., University Press of America, Inc., 1989. 陳小文、李超杰、劉宗坤譯 (1996)，《海德格爾的《存在與時間》——對作為基本存在論的此在的分析》，北京市：商務印書館，1996 年 12 月第一版。

KOHIKAN 咖啡館咖啡道研究小組編譯 (1994)，《咖啡道》，臺北市：太雅出版社，2001 年 7 月初版 4 刷。

MacIntyre, Alasdair Chalmers(1981), *After Virtue: A Study in Moral Theory*, Notre Dame, Indiana: University of Notre Dame Press.

Piaget, J.(1975), *The moral judgement of the child*, Marjorie Gabain London(trans.): Routledge & Kegan Paul London: Redwood burn Limited, Trowbridge & Esher 1975.

Polanyi, Michael(1958), *Personal Knowledge: Towards a Post-Critical Philosophy*, Press by Chicago University，許澤民譯 (2004)，《個人知識：邁向後批判哲學》，臺北市：商周出版，2004 年 12 月初版。

Proust, Marcel(1913), *À la recherche du temps perdu,* 李恆基等譯 (2010)，《追憶逝水年華》，臺北市：聯經，2010 年 1 月 2 版 1 刷。

Regan, Tom & Cohen, Carl(2005), *The Animal Rights Debate*, Rowman & Littlefield, Lanham, Maryland U.S.A., 楊通進、江婭譯 (2005)，《動物權論爭》，北京市：中國法政大學出版社，2005 年 5 月第一版。

Regan, Tom(1983), *The Case for Animal Rights*, Berkeley: University of California Press.

Regan, Tom(1985), *In Defense of Animals*, ed. Peter Singer, Oxford: Basil Blackwell.

Regan, Tom(2003), *Empty Cages: Facing the Challenge of Animal Rights*, Rowman & Littlefield, Lanham, Maryland U.S.A., 莽萍、馬天杰譯(2005)，《打開牢籠：面對動物權的挑戰》，北京市：中國法政大學出版社，2005 年 5 月第一版。

Regan, Tom(1983), *The Case for Animal Rights, Berkeley: University of California Press.*，轉引自 Pojman 編著，張忠宏等譯(1997)，《為動物說話：動物權的爭議・反對動物實驗的主張》，臺北市：桂冠，1997 年 4 月初版 1 刷。

Rheingold, H.(1993), *The Virtual Community: Homesteading on the Electronic Frontier*, Reading, MA, Addison-Wesley Publishing Co., 1993.

Ricoeur, Paul(1991) , *Narrative identity, in On Paul Ricoeur. On Narrative and Identity*, ed. David Wood(London and New York: Routledge, 1991).

Ricoeur, Paul, Temps et récit, 3 Tomes(Paris: editions de Seuil, 1983-1985); Eng. Trans. Time and Narrative, 3 Vol.(Chicago: University of Chicago Press, 1984-1988).

Said, Edward W.(1994), *Representations of the Intellectual: The 1993 Reith Lectures*, Chinese translation copyright 1997 by Rye Field Publishing Company, 單德興譯，《知識分子論》，臺北市：麥田出版，1997 年 11 月初版 1 刷。

Sartre, Jean Paul(1944), *L'enfer, c'est les Autres*, 周熙良等譯，《他人就是地獄——沙特自由選擇論集》，西安：陝西師範大學出版社，2003 年。

Schiller, J. C. Friedrich(1795), *Über die Ästhetische Erziehung des Menschen*, 馮至、范大灿譯，《審美教育書簡》，上海市：人民出版社，2003 年 1 月初版 1 刷。

Singer, Peter & Regan, Tom (2009), Animal Rights and Human Obligations, Second Edition, 曾建平、代峰譯，《動物權與人類義務》（第 2 版），北京市：北京大學出版社，2010 年 1 月初版 1 刷。

Singer, Peter(1975), Animal Liberation, 孟祥森、錢永祥譯，《動物解放》，臺北市：關懷生命協會，2004年9月初版3刷。

Singer, Peter(1976), *Animal Rights and Human Obligation*, Rnglewood Cliffs.NJ: Prentice-Hall. 轉引自 Pojman 編著，張忠宏等譯，《為動物說話：動物權的爭議・所有的動物都是平等》，臺北市：桂冠，1997 年 4 月初版 1 刷。

Taylor, P. W.(1986), *Respect for Nature*, Princeton University Press.

Taylor, P. W.(1993), *Respect for Nature*, in S. J. Armstrong et al. eds., Environmental Ethics, MaGraw-Hill, Inc.

Taylor, P. W.(1993), *The Ethics of Respect for Nature*, in M. E. Zimmernan et al.(eds), Environmental Philosophy, Prentice-Hall, Inc.

Thomson, J. A. K.(1965), *The Nicomachean Ethics of Aristotle*, Published by George Allen Unwin LTD, London, reprinted 1965. 高思謙譯，《亞里斯多德之宜高邁倫理學》，臺北市：臺灣商務印書館，1979 年 4 月初版。

Thoreau, Henry David(1845), *Walden*, 孔繁雲譯，《湖濱散記》，臺北市：志文出版社，1999 年 1 月。

Tillich, Paul(1999)，何光滬選編，《蒂里希選集》（上），上海市：上海三聯書店，1999 年。

Vico, Giambattista(1730), *The New Science*, 朱光潛譯，《新科學》，人民文學出版社，1996 年。

Walton, K.(1990), *Mimesis as Make-Believe*, Cambrige, MA, Harvard University Press, 1990.

Warren, Mary Anne(1987), *Between the Species*, Vol.2, no.4. 轉引自 Pojman 編著，張忠宏等譯，《為動物說話：動物權的爭議・強動物權立場的困難》，臺北市：桂冠，1997 年 4 月初版 1 刷。

White, Robert(1989), *Beastly Questions*, Hastings Center Report. 轉引自 Pojman 編著，張忠宏等譯，《為動物說話：動物權的爭議・支持動物實驗的主張》，臺北市：桂冠，1997 年 4 月初版 1 刷。

王慶節著 (2005)，〈道之為物 —— 海德格的「四方域」物論與老子的自然物論〉，見於香港中文大學現象學與人文科學研究中心：《現象學與人文科學》(*Journal of Phenomenology and the Human Sciences*)，2 期 (2005)，頁

261-313。收錄於張燦輝、劉國英主編，《現象學與人文科學：現象學與道家哲學》，臺北市：邊城出版，家庭傳媒城邦分公司，2005 年初版。

田口護著 (2004)，《咖啡大全》，臺北市：積木文化，2007 年 5 月初版 11 刷。

田崎真也等合著，陳以音譯 (2001)，《咖啡風景》，臺北市：永中國際，2001 年 12 月。

朱謙之、任繼愈著 (1985)，《老子釋譯——附馬王堆老子甲乙本與今本之對勘》，臺北市：里仁書局，1985 年 3 月。

何榮幸、黃哲斌、謝錦芳、郭石城、高有智合著 (2010)，《我的小革命》，臺北市：時報文化，2010 年 11 月初版 3 刷。

何榮幸等合著 (2011)，《我的小革命：永續生活》，臺北市：八旗文化，2011 年 4 月初版 1 刷。

孫向晨著 (2008)，《面對他者——萊維納斯哲學思想研究》，上海市：上海三聯書店，2008 年 12 月第 1 版 1 刷。

孫周興著 (2005)，〈大道與本有：對海德格爾 Ereignis 之思的再考察〉，見於香港中文大學現象學與人文科學研究中心：《現象學與人文科學》(*Journal of Phenomenology and the Human Sciences*)，2 期 (2005)，頁 195-210。收錄於張燦輝、劉國英主編，《現象學與人文科學：現象學與道家哲學》，臺北市：邊城出版，家庭傳媒城邦分公司，2005 年 12 月初版 1 刷。

徐復觀著 (1969)，《中國人性論史——先秦篇》，臺北市：臺灣商務印書館，1994 年 4 月初版第 11 次印刷。

張春興著 (1991)，《現代心理學——現代人研究自身問題的科學》，臺北市：東華書局，2001 年 9 月初 35 刷。

張慶熊著 (1997)，〈生活世界是人類主體間交流的基礎〉，《哲學雜誌》，20 期，1997 年 5 月，頁 116-135。

郭慶藩輯（清），《莊子集釋——附馬夷初莊子天下篇述義及莊子年表》，臺北市：華正書局，1989 年 8 月初版。

陳鼓應著 (1975)，《莊子今註今譯（上）（下）》，臺北市：臺灣商務印書館，1975 年 12 月初版。

曾昭旭著 (1992)，《在說與不說之間——中國義理學之思維與實踐》，臺北市：漢光文化事業，1992 年 4 月初版 1 刷。

馮友蘭著 (1944)，《中國哲學史（上）（下）》，臺北市：臺灣商務印書館，1993 年 4 月增訂臺 1 版 1 刷。

黃國鉅著 (2005)，〈《老子》的現象學分析與時間問題〉，見於香港中文大學現象學與人文科學研究中心：《現象學與人文科學》(*Journal of Phenomenology and the Human Sciences*)，2 期 (2005)，頁 105-160。收錄於張燦輝、劉國英主編，《現象學與人文科學：現象學與道家哲學》，臺北市：邊城出版，家庭傳媒城邦分公司，2005 年 12 月初版 1 刷。

楊冠政著 (1995)，〈尊重自然——泰勒的環境倫理學說及其應用〉，《環境教育季刊》，25 期，1995 年 5 月，頁 1-18。

鄒川雄著 (2006)，《通識教育與經典詮釋：一個教育社會學的反省》，嘉義縣：南華大學教社所，2006 年 4 月初版 1 刷。

劉國英著 (2005)，〈一門豐饒的現象學人學：悼念保羅・利科 (1913-2005)〉，見於香港中文大學現象學與人文科學研究中心：《現象學與人文科學》(*Journal of Phenomenology and the Human Sciences*)，2 期 (2005)，頁 417-424。收錄於張燦輝、劉國英主編，《現象學與人文科學：現象學與道家哲學》，臺北市：邊城出版，家庭傳媒城邦分公司，2005 年 12 月初版 1 刷。

劉國英著 (2005)，〈現象學可以還中國哲學一個公道嗎？試讀《老子》〉，見於香港中文大學現象學與人文科學研究中心：《現象學與人文科學》(*Journal of Phenomenology and the Human Sciences*)，2 期 (2005)，頁 9-35。收錄於張燦輝、劉國英主編，《現象學與人文科學：現象學與道家哲學》，臺北市：邊城出版，家庭傳媒城邦分公司，2005 年 12 月初版 1 刷。

蔣勳著 (2006)，《美的覺醒：蔣勳和你談眼、耳、鼻、舌、身》，臺北市：遠流，2008 年 2 月初版 6 刷。

蔣勳著 (2008)，《天地有大美：蔣勳和你談生活美學》，臺北市：遠流，2009 年 2 月二版 1 刷。

蔣勳著 (2008)，《身體美學：讓你的身心永遠從容自得》，臺北市：遠流，2008 年 6 月初版 1 刷。

錢穆著 (1985)，《莊子纂箋》，臺北市：東大圖書，1985 年 11 月重印初版。

薛清江著 (2007)，《哲學與人生：人生、繞路與哲學》，高雄市：麗文文化，2007 年 8 月初版 1 刷。

謝旺霖著 (2008)，《轉山》，臺北市：遠流，2011 年 6 月三版 14 刷。

韓懷宗著 (2008)，《咖啡學：祕史、精品豆與烘焙入門》，臺北市：時周文化，2008 年 5 月初版 1 刷。

嚴長壽著 (2011)，《教育應該不一樣》，臺北市：天下遠見，2011 年 6 月初版 8 刷。

蘇彥彰著 (2003)，《咖啡賞味誌》，臺北市：積木文化，2006 年 1 月初版 8 刷。

參考書目

國家圖書館出版品預行編目 (CIP) 資料

咖啡中的哲學沉思 — 孤獨、他者與自然 / 謝青龍撰.
-- 初版. -- 新北市 : 大眾國際書局 , 2014.09
272 面 ; 14.8x21 公分. --(新視界系列 ; 2)

ISBN 978-986-301-466-9 (平裝)

1.哲學

100 103015374

新視界系列 002

咖啡中的哲學沉思 —— 孤獨、他者與自然

作者	謝青龍
出版部副理	顏少鵬
封面設計	賴佳韋
視覺設計	林庭欣、黃秋玲
行銷統籌	張雅怡、廖志墭
副總經理	周韻如
出版發行	大眾國際書局股份有限公司 大邑文化
地址	22069新北市板橋區三民路二段37號16樓之1
電話	02-2961-5808(代表號)
傳真	02-2961-6488
信箱	service@popularworld.com
大邑文化FB粉絲團	http://www.facebook.com/polispresstw

總經銷	聯合發行股份有限公司
電話	02-2917-8022
傳真	02-2915-7212
法律顧問	葉繼升律師
協力印刷	皇甫彩藝印刷
初版一刷	西元 2014 年 8 月 29 日
定價	新臺幣 360 元
ISBN	978-986-301-466-9

大邑文化
POLIS PRESS

新視界

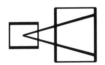

新視界

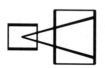

大邑文化
POLIS PRESS

大邑文化
POLIS PRESS